Louis Blanc

Organisation du travail

ISBN : 978-1511511667

10 9 8 7 6 5 4 3 2 1

Louis Blanc

Organisation du travail

Table de Matières

INTRODUCTION

Juillet 1847.

S'il n'y avait que des douleurs exceptionnelles et solitaires à soulager, la charité y suffirait peut-être. Mais le mal a des causes aussi générales que profondes ; et c'est par milliers qu'on les compte, ceux qui, parmi nous, sont en peine de leur vêtement, de leur nourriture et de leur gîte.

Comment cela est-il possible ? Pourquoi, au sein d'une civilisation tant vantée, cet abaissement tragique et cette longue agonie de la moitié des humains ?

Le problème est obscur. Il est terrible. Il a provoqué des révoltes qui ont ensanglanté la terre sans l'affranchir. Il a usé des générations de penseurs. Il a épuisé des dévouements d'une majesté toute divine. Voilà deux mille ans déjà que des nations entières s'agenouillent devant un gibet, adorant dans celui qui voulut y mourir, le Sauveur des hommes. Et pourtant, que d'esclaves encore ! Que de lépreux dans le monde moral ! Que d'infortunés dans le monde visible et sensible ! Que d'iniquités triomphantes ! Que de tyrannies savourant à leur aise les scandales de leur impunité ! Le Rédempteur est venu ; mais la Rédemption, quand viendra-t-elle ?

Le découragement, toutefois, est impossible, puisque la loi du progrès est manifeste. Si la durée appartient au mal, elle appartient aussi, et bien plus encore à cette protestation de la conscience humaine qui le flétrit et le combat, protestation variée dans ses formes, immuable dans son principe, protestation immense, universelle, infatigable, invincible.

Donc, la grandeur du problème ne nous doit point accabler. Seulement, il convient de l'aborder avec frayeur et modestie. Le résoudre, personne en particulier ne le pourrait ; en combinant leurs efforts, tous le peuvent. Dans l'œuvre du progrès universel, que sont, considérés l'un après l'autre, les meilleurs ouvriers ? Et néanmoins, l'ouvrage avance, la besogne du genre humain va s'accomplissant d'une manière irrésistible, et chaque homme qui étudie, travaille, même en se trompant, à l'œuvre de vérité.

Aussi bien, rendre son intelligence attentive aux choses dont le cœur est ému, donner à la fraternité la science pour flambeau, penser et sentir à la fois, réunir dans un même effort d'amour la vigilance de l'esprit et les puissances de l'âme, se faire dans l'avenir des peuples et dans la

Louis Blanc

justice de Dieu une confiance assez courageuse pour lutter contre la permanence du mal et sa mensongère immortalité... est-il un plus digne emploi du temps et de la vie ?

ORGANISATION DU TRAVAIL : Ces mots, il y a quatre ou cinq ans, expiraient dans le vide ; aujourd'hui, d'un bout de la France à l'autre, ils retentissent. « Faisons une enquête sur le sort des « travailleurs, » disait il y a quelque temps M. Ledru-Rollin dans un journal sincère et courageux, *la Réforme* ; et il n'en a pas fallu davantage pour faire tressaillir notre société malade. Voilà le sujet d'études trouvé. Il n'y en aura jamais d'aussi vaste, mais il n'y en eut jamais d'aussi nécessaire.

Que nous opposent les ennemis du progrès ou ceux qui l'aiment d'un amour timide ? Ils disent qu'à entretenir le peuple de ses misères, avant de l'avoir investi de sa souveraineté, il y a peut-être imprudence et péril ; ils disent craindre de le confiner dans des préoccupations égoïstes, en remplaçant chez lui par un mobile matérialiste et grossier, ces grands mobiles qui se nomment la dignité humaine, l'honneur, la gloire, l'orgueil du bien, la patrie.

Ainsi, le pauvre céderait à une préoccupation égoïste, en faisant connaître ce qu'il souffre et combien il souffre, non pas seulement dans lui-même, mais dans ses enfants condamnés à un labeur précoce et homicide, dans sa femme inconsolable d'une maternité trop féconde, dans son vieux père mourant sur le grabat de la charité publique ! Ainsi, elle était empreinte de matérialisme, cette admirable et lugubre devise des ouvriers de Lyon, affamés et soulevés : *Vivre en travaillant ou mourir en combattant ! Non, non. La vie, le travail, toute la destinée humaine tient dans ces deux mots suprêmes. Donc, en demandant que le droit de vivre par le travail soit réglé, soit garanti, on fait mieux encore que disputer des millions de malheureux à l'oppression de la force ou du hasard : on embrasse dans sa généralité la plus haute, dans sa signification la plus profonde, la cause de l'être humain ; on salue le Créateur dans son œuvre. Partout où la certitude de vivre en travaillant ne résulte pas de l'essence même des institutions sociales, l'iniquité règne. Or, celui-là ne saurait faire acte d'égoïsme qui se raidit contre l'iniquité, fût-il seul au monde à en souffrir ; car, en ce moment, il représente toutes les douleurs, tous les principes, et il porte l'humanité dans lui.*

Loin d'accuser des préoccupations matérialistes, l'ORGANISATION DU TRAVAIL en vue de la suppression de la misère, repose sur le spiritualisme le mieux senti. Qui l'ignore ? La misère retient l'intelligence de l'homme dans la nuit, en renfermant l'éducation dans de honteuses limites. La misère conseille incessamment le sacrifice de la dignité personnelle, et presque toujours elle le commande. La misère crée une dépendance de condition à celui qui est indépendant par caractère, de sorte qu'elle cache un tourment nouveau dans une vertu, et change en fiel ce qu'on porte de générosité dans le sang. Si la misère engendre la souffrance, elle engendre aussi le crime. Si elle aboutit à l'hôpital, elle conduit aussi au bagne. Elle fait les esclaves ; elle fait la plupart des voleurs, des assassins, des prostituées.

Nous voulons donc que le travail soit organisé de manière à amener la suppression de la misère, non pas seulement afin que les souffrances matérielles du peuple soient soulagées, mais aussi, mais surtout, afin que chacun soit rendu à sa propre estime ; afin que l'excès du malheur n'étouffe plus chez personne les nobles aspirations de la pensée et les jouissances d'un légitime orgueil ; afin qu'il y ait place pour tous dans le domaine de l'éducation et aux sources de l'intelligence ; afin qu'il n'y ait plus d'homme asservi, absorbé par la surveillance d'une roue qui tourne, plus d'enfant transformé pour sa famille en un supplément de salaire, plus de mère armée par l'impuissance de vivre contre le fruit de ses entrailles, plus de jeune fille réduite, pour avoir du pain, « à vendre le doux nom d'amour ! » Nous voulons que le travail soit organisé, afin que l'âme du peuple, — son âme, entendez-vous ? — ne reste pas comprimée et gâtée sous la tyrannie des choses !

Pourquoi séparer ce qu'il a plu à Dieu de rendre, dans l'être humain, si absolument inséparable ? Car enfin, la vie est double par ses manifestations, mais elle est une par son principe. Il est impossible d'attenter à l'un des deux modes de notre existence sans entamer l'autre. Quand le corps est frappé ; n'est-ce point l'âme qui gémit ? La main de ce mendiant tendue vers moi, me révèle la déchéance forcée de sa nature morale, et dans le mouvement de cet esclave qui s'agenouille, qui tremble, je découvre l'abaissement de son cœur.

Comment la vie ne serait-elle pas respectable dans chacun de ses modes ? N'est-ce pas de la mystérieuse intimité de l'âme et du corps que résulte l'être humain ?

Que le christianisme ait frappé la chair d'anathème, c'est vrai. Mais cet anathème ne fut qu'une réaction nécessaire contre la grossièreté des mœurs païennes. Le paganisme avait été une longue et brutale victoire de la force sur l'intelligence, des sens sur l'esprit. Le christianisme

Louis Blanc

ne vint pas rétablir l'équilibre, il fit durer le combat, en déplaçant la victoire. C'est ainsi qu'après avoir adopté, avec le dogme du péché originel, de la chute des anges, du paradis et de l'enfer, l'antique théorie de la lutte de deux principes : *le bien, le mal*, il plaça le principe du mal dans la *matière*. Mais fallait-il confondre ce que le christianisme avait de relatif, de transitoire, avec ce qu'il avait de divin et d'éternel ? Fallait-il s'écrier : La souffrance est sainte à jamais ?

La souffrance était sainte dans l'apôtre, se vouant pour la propagande des idées nouvelles, aux privations les plus dures et à des fatigues sans nom ; elle était sainte dans le martyr, enthousiaste et indomptable soldat du Christ : elle ne pouvait l'être, ni dans le solitaire, oubliant de servir les hommes pour aller pousser, au fond d'un volontaire exil, des gémissements pleins d'égoïsme ; ni dans le religieux, s'acharnant à dégrader, par un inutile et lent suicide, son propre corps, œuvre inviolable de Dieu !

Et qui ne sait combien l'abus de la pensée chrétienne produit de maux ? Il s'est trouvé dans le spiritualisme catholique une source d'oppression tout aussi féconde, hélas ! que dans le matérialisme païen. La tyrannie s'est exercée au nom de l'esprit comme elle s'était exercée au profit de la chair ; et les autels élevés dans l'antiquité aux dieux de la force n'ont pas été souillés de plus de sang qu'il n'en a coulé, depuis, sous la main des bourreaux de l'inquisition. Le paganisme avait divinisé la débauche, dégradation du corps par l'excès du plaisir : le catholicisme a canonisé l'ascétisme, dégradation du corps par l'excès de la douleur. Le paganisme avait outragé l'âme humaine jusqu'à faire des esclaves : le catholicisme a dédaigné le côté matériel de l'humanité, jusqu'à souffrir qu'il y eût des pauvres.

Et toutefois, proscrire l'un des deux éléments qui constituent l'être humain est tellement contraire à l'essence des choses, tellement impossible, qu'il n'y a jamais eu, sous ce rapport, de système absolu. Dans l'antique mythologie, Vénus n'excluait pas Minerve. Et en même temps que l'Église catholique recommandait aux hommes de mortifier leur chair, elle s'attachait à parler aux sens par le déploiement de sa puissance temporelle, par la magnificence de ses cérémonies, par les merveilleuses basiliques où elle enfermait la majesté du Dieu né dans une étable, par l'harmonie enfin et les parfums dont elle emplissait le sanctuaire.

C'est qu'en effet on ne peut sacrifier trop complètement la vie du corps à celle de l'âme, sans attenter à la nature humaine. Il répugne à la raison, dans la théorie du progrès, d'admettre que l'humanité doive rester à jamais victime de je ne sais quel étrange et terrible combat entre l'*esprit* et la *chair*. Si ce combat a eu lieu jusqu'ici, c'est parce que les sociétés n'ont pas encore trouvé un milieu qui leur convienne. Or, toute civilisation fausse a cela de fatal, qu'en répartissant d'une manière inique les travaux et les plaisirs, elle empêche, et chez les oppresseurs et chez les opprimés, l'harmonieux emploi des facultés soit morales soit corporelles : chez les premiers, par la facilité de l'abus ; chez les seconds, par l'altération de l'usage. Reste à savoir s'il ne nous est pas permis de croire qu'un tel désaccord doit un jour cesser. Car, pourquoi l'harmonie ne succéderait-elle pas dans l'homme lui-même à l'antagonisme ? Pourquoi l'harmonie ne deviendrait-elle pas la loi de la vie individuelle, comme elle est la loi des mondes ? Gardons-nous de scinder le problème, si nous aspirons à le résoudre. La formule du progrès est double dans son unité : *Amélioration morale et matérielle du sort de tous, par le libre concours de tous et leur fraternelle association !* Ce qui rentre dans l'héroïque devise que nos pères écrivirent, il y a cinquante ans, sur le drapeau de la révolution : Liberté, égalité, fraternité.

Rapprochement bizarre et triste ! La classe privilégiée est, de nos jours, perdue de sensualisme ; elle a trouvé, en fait de luxe, des raffinements inouïs ; elle n'a plus guère d'autre religion que le plaisir ; elle a reculé le domaine des sens jusqu'aux plus extrêmes limites de la fantaisie ; pour elle, employer la vie n'est rien, en jouir est tout… Et c'est du sein de ce monde heureux, c'est du fond des boudoirs dorés où se berce sa philosophie, qu'on nous adjure de ne pas faire appel au matérialisme des intérêts, quand nous demandons, pour le pauvre, la certitude d'avoir du travail, le pain quotidien, un asile, des vêtements, le pouvoir d'aimer et l'espérance !

Quant à ceux qui, reconnaissant la nécessité de résoudre les questions sociales, pensent néanmoins que l'examen doit en être ajourné, et qu'il seratemps de s'en occuper quand la révolution politique se trouvera enfin accomplie, nous ne saurions les comprendre. Quoi ! il faut conquérir le pouvoir, sauf à se rendre compte plus tard de ce qu'on en doit faire ! Quoi ! il faut se mettre en route, avant d'avoir fixé le point qu'il s'agit d'atteindre !

On se trompe étrangement, si l'on croit que les révolutions s'improvisent. Les révolutions qui n'avortent pas sont celles dont le but

Louis Blanc

est précis et a été défini d'avance.

Voyez la révolution bourgeoise de 89 ! Quand elle éclata, chacun en aurait pu dresser le programme. Sortie vivante de l'encyclopédie, ce grand laboratoire des idées du XVIIIe siècle, elle n'avait plus, en 1789, qu'à prendre matériellement possession d'un domaine déjà conquis moralement. Et cela est si vrai, que le tiers-état d'alors ne trouvait pas d'inconvénient à se passer de législateurs. Des mandats impératifs ! criait-on de toutes parts. Pourquoi ? Parce que, dans la pensée de tous, le but de la révolution était parfaitement défini. On savait ce qu'on voulait ; pour quelle cause et de quelle manière on le voulait. Ouvrons les fameux cahiers de cette époque : la révolution y est tout entière ; car la constitution de 1791 n'en fut qu'un résumé fidèle. Aussi, comme elle s'est fortement installée, cette révolution de 89, et combien ses racines sont profondément descendues dans la société ! Les orages de la Convention ont eu beau passer sur elle ; l'Empire a eu beau l'éclipser à force de villes prises et de batailles gagnées ; la Restauration a eu beau la combattre par tout ce qu'il y a de plus puissant chez les hommes, la superstition politique et la superstition religieuse, elle a reparu sur les ruines mêlées de la Convention, de l'Empire et de la Restauration. 1830 appartient à cette chaîne dont 1789 fut le premier anneau. 1789 avait commencé la domination de la bourgeoisie ; 1830 l'a continuée.

Voyez, au contraire, la révolution de 1793 ! Combien a-t-elle duré ? qu'en reste-t-il ? Et pourtant, de quelle puissance, de quelle audace, de quel génie n'étaient pas doués ceux qui s'étaient chargés de son triomphe ? Quels efforts gigantesques ! quelle effrayante activité ! que de ressorts mis en jeu, depuis l'enthousiasme jusqu'à la terreur ! que d'instruments usés au service des doctrines nouvelles, depuis l'épée du général d'armée jusqu'au couteau de l'exécuteur ! Mais le but de cette révolution, dont les conventionnels avaient à donner le catéchisme, n'avait pas été défini longtemps à l'avance. Aucune des théories aventurées par Robespierre et Saint-Just n'avait été suffisamment élaborée au sein de la nation. Jean-Jacques avait bien publié le *Contrat social* ; mais la voix de ce grand homme s'était à demi perdue dans la clameur immense dont les publicistes de la bourgeoisie remplirent le XVIIIe siècle. C'était donc tout un nouveau monde à créer, à créer en quelques jours, à créer au milieu d'un déchaînement inouï de résistances et de colères. Il fallut improviser, demander aux passions l'appui que ne pouvaient pas encore fournir les idées ; il fallut étonner, enflammer, enivrer, dompter les hommes qu'un travail antérieur n'avait pas disposés à se laisser convaincre. De là, des obstacles sans nombre, des malentendus terribles et sanglants, de fraternelles alliances tout à coup dénouées par le bourreau ; de là ces luttes sans exemple qui firent successivement tomber dans un même panier fatal la tête de Danton sur celle de Vergniaud, et la tête de Robespierre sur celle de Danton.

Souvenons-nous de cette époque, si pleine d'enseignements. Ne perdons jamais de vue ni le *moyen* ni le *but* ; et loin d'éviter la discussion des théories sociales, provoquons-la autant qu'il sera en nous, afin de n'être pas pris au dépourvu et de savoir diriger la force quand elle nous sera donnée.

Mais on émettra beaucoup d'idées fausses, on prêchera bien des rêveries ! Qu'est-ce à dire ? Fut-il jamais donné aux hommes d'arriver du premier coup à la vérité ? Et lorsqu'ils sont plongés dans la nuit, faut-il leur interdire de chercher la lumière, parce que, pour y arriver, ils sont forcés de marcher dans l'ombre ? Savez-vous si l'humanité n'a aucun parti à tirer de ce que vous appelez des rêveries ? Savez-vous si la rêverie aujourd'hui ne sera pas la vérité dans dix ans, et si, pour que la vérité soit réalisée dans dix ans, il n'est pas nécessaire que la rêverie soit hasardée aujourd'hui ? Une doctrine, quelle qu'elle soit, politique, religieuse ou sociale, ne se produit jamais sans trouver plus de contradicteurs que d'adeptes, et ne recrute quelques soldats qu'après avoir fait beaucoup de martyrs. Toutes les idées qui ont puissamment gouverné les hommes n'ont-elles pas été réputées folles, avant d'être réputées sages ?

Qui découvrit un nouveau monde ?
Un fou qu'on raillait en tout lieu.
Sur la croix que son sang inonde,
Un fou qui meurt nous lègue un dieu.

N'acceptons pas aveuglément tout ce que des esprits légers nous donneraient comme autant d'oracles ; et cherchons la vérité avec lenteur, avec prudence, avec défiance même ; rien de mieux. Mais pourquoi fermerions-nous carrière aux témérités de l'esprit ? À une armée qui s'avance en pays inconnu, il faut des éclaireurs, dussent quelques-uns d'entre eux s'égarer. Ah ! l'intrépidité de la pensée n'est pas aujourd'hui chose si commune, qu'on doive glacer les intelligences en travail et décourager l'audace.

Que craignez-vous ? Qu'on jette dans les esprits des notions fausses sur la condition du prolétaire et les moyens de l'améliorer ? Si ces notions sont fausses, la discussion les emportera, comme le vent emporte la paille mêlée au grain.

Que craignez-vous encore ? Que la hardiesse de certaines solutions données aux questions sociales ne porte le trouble dans les cœurs et ne nuise au succès de la réforme politique ? Mais d'abord, est-ce que les questions de suffrage universel, de souveraineté réelle du peuple, n'effraient personne en France ? Et que faire là, sinon montrer par de vives raisons la puérilité et le vide de ces frayeurs ? Mais quoi ! ce qui effraie le plus dans les partis, ce n'est pas ce qu'ils disent, c'est ce qu'ils négligent ou refusent de dire. L'inconnu ! voilà ce qui épouvante surtout les âmes faibles. Le parti démocratique sera-t-il accusé de pousser à une Jacquerie industrielle, quand il aura scientifiquement développé les moyens de tirer l'industrie du désordre effroyable où elle s'égare ? S'armera-t-on contre lui des répugnances aveugles de la bourgeoisie, quand il aura prouvé que la concentration toujours croissante santé des capitaux la menace du même joug sous lequel fléchit la classe ouvrière ?

Ajoutons que, pour donner à la réforme politique de nombreux adhérents parmi le peuple, il est indispensable de lui montrer le rapport qui existe entre l'amélioration, soit morale, soit matérielle, de son sort et un changement de pouvoir. C'est ce qu'ont fait, dans tous les temps, les véritables amis du peuple ou ses vengeurs. C'est ce que firent jadis a Rome ceux qui, émus d'une pitié sainte à la vue des débiteurs pauvres trop cruellement persécutés, entraînèrent la multitude sur le mont Aventin. C'est ce que faisait l'immortel Tiberius Gracchus, lorsque, dénonciateur convaincu des usurpations de l'aristocratie romaine, il criait aux pâles vainqueurs du monde : « On vous appelle les maîtres de l'univers, et vous n'avez pas une pierre où vous puissiez reposer votre tête. » C'est ce que fit en 1647 le pêcheur Masaniello, lorsqu'au milieu de la ville de Naples affamée par les orgies du vice-roi, il poussa le cri : « Point de gabelles ! » C'est ce que firent enfin, il y a cinquante ans, ces philosophes fanatiques, ces vaillants soldats de la pensée, qui ne périrent à la tâche que parce qu'ils étaient venus trop tôt. À qui prétend le conduire, le peuple a droit de demander où on le mène. Il ne lui est arrivé que trop souvent déjà de s'agiter pour des mots, de combattre dans les ténèbres, de s'épuiser en dévouements dérisoires, et d'inonder de son sang, répandu au hasard, la route des ambitieux, tribuns de la veille, que le lendemain saluait oppresseurs !

Mais s'il est nécessaire de s'occuper d'une réforme sociale, il ne l'est pas moins de pousser à une réforme politique. Car si la première est le *but*, la seconde est le *moyen*. Il ne suffit pas de découvrir des procédés scientifiques, propres à inaugurer le principe d'association et à organiser le travail suivant les règles de la raison, de la justice, de l'humanité ; il faut se mettre en état de réaliser le principe qu'on adopte et de féconder les procédés fournis par l'étude. Or, le pouvoir, c'est la forcé organisée. Le pouvoir s'appuie sur des chambres, sur des tribunaux, sur des soldats, c'est-à-dire sur la triple puissance des lois, des arrêts et des baïonnettes. Ne pas le prendre pour instrument, c'est le rencontrer comme obstacle.

D'ailleurs, l'émancipation des prolétaires est une œuvre trop compliquée ; elle se lie à trop de questions, elle dérange trop d'habitudes, elle contrarie, non pas en réalité mais en apparence, trop d'intérêts, pour qu'il n'y ait pas folie à croire qu'elle se peut accomplir par une série d'efforts partiels et de tentatives isolées. Il y faut appliquer toute la force de l'État. Ce qui manque aux prolétaires pour s'affranchir, ce sont les instruments de travail : la fonction du gouvernement est de les leur fournir. Si nous avions à définir l'État, est le banquier des pauvres.

Maintenant, est-il vrai, comme M. de Lamartine n'a pas craint de l'affirmer dans un récent manifeste, est-il vrai que cette conception « consiste à s'emparer, au nom de l'État, de la propriété et de la souveraineté des industries et du travail, à supprimer tout libre arbitre dans les citoyens qui possèdent, qui vendent, qui achètent, qui consomment, à créer ou à distribuer arbitrairement les produits, à établir des maximum, à régler les salaires, à substituer en tout l'État propriétaire et industriel aux citoyens dépossédés ? »

À Dieu ne plaise que nous ayons jamais rien proposé de semblable ! Et si c'est nous que M. de Lamartine a prétendu réfuter, il est probable qu'il ne nous a pas fait l'honneur de nous lire. Ainsi qu'on le verra plus bas, nous demandons que l'État, — lorsqu'il sera démocratiquement constitué, — crée des ateliers sociaux, destinés à remplacer graduellement et sans secousse les ateliers individuels ; nous demandons que les ateliers sociaux soient régis par des statuts réalisant le principe d'association et ayant forme et puissance de la loi. Mais, une fois fondé et mis en mouvement, l'atelier social se suffirait à lui-même et ne relèverait plus que de son principe ; les travailleurs associés se choisiraient librement, après la première année, des administrateurs et des chefs ; ils feraient entre eux la répartition des bénéfices ; ils s'occuperaient des moyens d'agrandir l'entreprise commencée... Où voit-on qu'un pareil système ouvre carrière à l'arbitraire et à la tyrannie ? L'État fonderait l'atelier social, il lui donnerait des lois, il en surveillerait l'exécution, pour le compte, au nom et au profit de tous ; mais là se bornerait son rôle : un tel rôle est-il, peut-il être tyrannique ? Aujourd'hui, quand le gouvernement fait arrêter des voleurs parce qu'ils se sont introduits dans une maison, est-ce qu'on accuse pour cela le gouvernement de tyrannie ? Est-ce qu'on lui reproche d'avoir envahi ledomaine de la vie individuelle, d'avoir pénétré dans le régime intérieur des familles ? Eh bien ! dans notre système, l'État ne serait, à l'égard des ateliers sociaux, que ce qu'il est aujourd'hui à l'égard de la société tout entière. Il veillerait sur l'inviolabilité des statuts dont il s'agit, comme il veille aujourd'hui sur l'inviolabilité des lois. Il serait le protecteur suprême du principe d'association, sans qu'il lui fût loisible ou possible d'absorber en lui l'action des travailleurs associés, comme il est aujourd'hui le protecteur suprême du principe de propriété, bien qu'il n'absorbe pas en lui l'action des propriétaires.

Mais nous faisons intervenir l'État, du moins au point de vue de l'initiative, dans la réforme économique de la société ? Mais nous avons pour but avoué de miner la concurrence, de soustraire l'industrie au régime du *laissez-faire et du laissez-passer* ? Sans doute ; et, loin de nous en défendre, nous le proclamons à voix haute. Pourquoi ? Parce que nous voulons la liberté.

Oui, la liberté ! Voilà ce qui est à conquérir ; mais la liberté vraie, la liberté pour tous, cette liberté qu'on chercherait en vain partout où ne se trouvent pas l'égalité et la fraternité, ses sœurs immortelles.

Si nous demandions pour quel motif la liberté de l'état sauvage a été jugée fausse et détruite, le premier enfant venu nous répondrait ce qu'il y a réellement à répondre. La liberté de l'état sauvage n'était, *en fait*, qu'une abominable oppression, parce qu'elle se combinait avec l'inégalité des forces, parce qu'elle faisait de l'homme faible la victime de l'homme vigoureux, et de l'homme impotent la proie de l'homme agile. Or, nous avons, dans le régime social actuel, au lieu de l'inégalité des forces musculaires, l'inégalité des moyens de développement ; au lieu de la lutte corps à corps, la lutte de capital à capital ; au lieu de l'abus d'une supériorité physique, l'abus d'une supériorité convenue ; au lieu de l'homme faible, l'ignorant ; au lieu de l'homme impotent, le pauvre. Où donc est la liberté ?

Elle existe assurément, et même avec la facilité de l'abus, pour ceux qui se trouvent pourvus des moyens d'en jouir et de la féconder, pour ceux qui sont en possession du sol, du numéraire, du crédit, des mille ressources que donne la culture de l'intelligence ; mais en est-il de même pour cette classe, si intéressante et si nombreuse, qui n'a ni terres, ni capitaux, ni crédit, ni instruction, c'est-à-dire rien de ce qui permet à l'individu de se suffire et de développer ses facultés ? Et lorsque la société se trouve ainsi partagée, qu'il y a d'un côté une force immense, et de l'autre une immense faiblesse, on déchaîne au milieu d'elle la concurrence, la concurrence qui met aux prises le riche avec le pauvre, le spéculateur habile avec le travailleur naïf, le client du banquier facile avec le serf de l'usurier, l'athlète armé de pied en cap avec le combattant désarmé, l'homme ingambe avec le paralytique ! Et ce choc désordonné, permanent, de la puissance et de l'impuissance, cette anarchie dans l'oppression, cette invisible tyrannie des choses que ne dépasserez jamais en dureté les tyrannies sensibles, palpables, à face humaine… Voilà ce qu'on ose appeler la liberté !

Il est donc libre de se former à la vie de l'intelligence, l'enfant du pauvre qui, détourné par la faim du chemin de l'école, court vendre son âme et son corps à la filature voisine, pour grossir de quelques oboles le salaire paternel !

Il est donc libre de discuter les conditions de son travail, l'ouvrier qui meurt, si le débat se prolonge !

Il est donc libre de mettre son existence à l'abri des chances d'une loterie homicide, le travailleur qui, dans la confuse mêlée de tant d'efforts individuels, se voit réduit à dépendre, non pas de sa prévoyance et de sa sagesse, mais de chacun des désordres qu'enfante naturellement la concurrence : d'une faillite lointaine, d'une, commande qui cesse, d'une machine qu'on découvre, d'un atelier qui se ferme, d'une panique industrielle, d'un chômage !

Il est donc libre de ne pas dormir sur le pavé, le journalier sans travail qui n'a point d'asile !

Elle est donc libre de se conserver chaste et pure, la fille du pauvre qui, l'ouvrage venant à manquer, n'a plus à choisir qu'entre la prostitution et la faim !

Louis Blanc

De nos jours, a-t-on dit, rien ne réussit mieux que le succès. C'est vrai, et cela suffit pour la condamnation de l'ordre social qu'un semblable aphorisme caractérise. Car toutes les notions de la justice et de l'humanité sont interverties, là où l'on a d'autant plus de facilités pour s'enrichir qu'on a moins besoin de devenir riche, et où l'on peut d'autant moins échapper à la misère qu'on est plus misérable. Le hasard de la naissance vous a-t-il jeté parmi nous dans un dénûment absolu ? Travaillez, souffrez, mourez : on ne fait pas crédit au pauvre, et la doctrine du *laissez-faire* le voue à l'abandon. Êtes-vous né au sein de l'opulence ? Prenez du bon temps, menez joyeuse vie, dormez : votre argent gagne de l'argent pour vous. Rien ne réussit mieux que le succès !

Mais le pauvre a le *droit* d'améliorer sa position ? Eh ! qu'importe, s'il n'en a pas le *pouvoir* ? Qu'importe au malade qu'on ne guérit pas le *droit* d'être guéri ?

Le droit, considéré d'une manière abstraite, est le mirage qui, depuis 1789, tient le peuple abusé. Le droit est la protection métaphysique et morte qui a remplacé, pour le peuple, la protection vivante qu'on lui devait. Le droit, pompeusement et stérilement proclamé dans les chartes, n'a servi qu'à masquer ce que l'inauguration d'un régime d'individualisme avait d'injuste et ce que l'abandon du pauvre avait de barbare. C'est parce qu'on a défini la liberté par le mot *droit*, qu'on en est venu à appeler hommes libres, des hommes esclaves de la faim, esclaves du froid, esclaves de l'ignorance, esclaves du hasard. Disons-le donc une fois pour toutes : la liberté consiste, non pas seulement dans le DROIT accordé, mais dans le POUVOIR donné à l'homme d'exercer, de développer ses facultés, sous l'empire de la justice et sous la sauvegarde de la loi.

Et ce n'est point là, qu'on le remarque bien, une distinction vaine : le sens en est profond, les conséquences en sont immenses. Car, dès qu'on admet qu'il faut à l'homme, pour être vraiment libre, le *pouvoir* d'exercer et de développer ses facultés, il en résulte que la société doit à chacun de ses membres, et l'instruction, sans laquelle l'esprit humain ne *peut* se déployer, et les instruments de travail, sans lesquels l'activité humaine ne *peut* se donner carrière. Or, par l'intervention de qui la société donnera-t-elle à chacun de ses membres l'instruction convenable et les instruments de travail nécessaires, si ce n'est par l'intervention de l'État ? C'est donc au nom, c'est pour le compte de la liberté, que nous demandons la réhabilitation du principe d'autorité. Nous voulons un gouvernement fort, parce que, dans le régime d'inégalité où nous végétons encore, il y a des faibles qui ont besoin d'une force sociale qui les protège. Nous voulons un gouvernement qui intervienne dans l'industrie, parce que là où l'on ne prête qu'aux riches, il faut un banquier social qui prête aux pauvres. En un mot, nous invoquons l'idée du pouvoir, parce que la liberté d'aujourd'hui est un mensonge, et que la liberté de l'avenir doit être une vérité.

Qu'on ne s'y trompe pas, du reste ; cette nécessité de l'intervention des gouvernements est relative : elle dérive uniquement de l'état de faiblesse, de misère, d'ignorance, où les précédentes tyrannies ont plongé le peuple. Un jour, si la plus chère espérance de notre cœur n'est pas trompée, un jour viendra où il ne sera plus besoin d'un gouvernement fort et actif, parce qu'il n'y aura plus dans la société de classe inférieure et mineure. Jusque-là, l'établissement d'une autorité tutélaire est indispensable. Le socialisme ne saurait être fécondé que par le souffle de la politique.

Ô riches, on vous trompe quand on vous excite contre ceux qui consacrent leurs veilles à la solution calme et pacifique des problèmes sociaux. Oui, c'est votre cause que cette cause sainte des pauvres. Une solidarité de céleste origine vous enchaîne à leur misère par la peur, et vous lie par votre intérêt même à leur délivrance future. Leur affranchissement seul est propre à vous ouvrir le trésor, inconnu jusqu'ici, des joies tranquilles ; et telle est la vertu du principe de fraternité, que ce qu'il retrancherait de leurs douleurs, il l'ajouterait nécessairement à vos jouissances. « Prenez garde, vous a-t-on dit, prenez garde à la guerre de ceux qui n'ont pas contre ceux qui ont. » Ah ! si cette guerre impie était réellement à craindre, que faudrait-il donc penser, grand Dieu ! de l'ordre social qui la porterait dans ses entrailles ? Misérables sophistes ! ils ne s'aperçoivent pas que le régime dont ils balbutient la défense serait condamné sans retour, s'il méritait la flétrissure de leurs alarmes ! Quoi donc ! il y aurait un tel excès dans les souffrances de *ceux qui n'ont pas*, de telles haines dans les âmes, et, dans les profondeurs de la société, un si impétueux désir de révolte, que prononcer le mot de fraternité, mot du Christ, serait une imprudence terrible, et comme le signal de quelque nouvelle Jacquerie ! Non : qu'on se rassure. La violence n'est à redouter que là où la discussion n'est point permise. L'ordre n'a pas de meilleur bouclier que l'étude. Grâce au ciel, le peuple comprend aujourd'hui que, si la colère châtie quelquefois le

Louis Blanc

mal, elle est impuissante à produire le bien ; qu'une impatience aveugle et farouche ne ferait qu'entasser des ruines sous lesquelles périrait étouffée la semence des idées de justice et d'amour. Il ne s'agit donc pas de déplacer la richesse, d'élever, pour le bonheur de tous, de tous sans exception, le niveau de l'humanité.

INTRODUCTION

PREMIÈRE PARTIE

I

N'ayant plus que quelques jours à vivre, Louis XI fut tout à coup saisi d'un immense effroi. Ses courtisans n'osaient plus prononcer devant lui ce mot terrible, ce mot inévitable : la mort. Lui-même, comme si pour éloigner la mort, il eût suffi d'en nier les approches, il s'étudiait misérablement à faire briller dans son regard éteint les éclairs d'une joie factice. Il dissimulait sa pâleur. Il ne voulait point chanceler en marchant. Il disait à son médecin : « Mais voyez donc ! Jamais je ne me suis mieux porté. »

Ainsi fait la société d'aujourd'hui. Elle se sent mourir et elle nie sa décadence. S'entourant de tous les mensonges de sa richesse, de toutes lespompes vaines d'une puissance qui s'en va, elle affirme puérilement sa force, et, dans l'excès même de son trouble, elle se vante ! Les privilégiés de la civilisation moderne ressemblent à cet enfant spartiate qui souriait, en tenant caché sous sa robe le renard qui lui rongeait les entrailles. Ils montrent, eux aussi, un visage riant ; ils s'efforcent d'être heureux. Mais l'inquiétude habite dans leur cœur et le ronge. Le fantôme des révolutions est de toutes leurs fêtes.

La misère a beau ne frapper, loin de leurs demeures, que des coups mesurés et silencieux, l'indigent a beau s'écarter du chemin de leurs joies ; ils souffrent de ce qu'ils soupçonnent ou devinent. Si le peuple reste immobile, ils se préoccupent amèrement de l'heure qui suivra. Et lorsque le bruit de la révolte est tombé, ils en sont réduits à prêter l'oreille au silence des complots.

Je demande qui est réellement intéressé au maintien de l'ordre social, tel qu'il existe aujourd'hui. Personne ; non, personne. Pour moi, je me persuade volontiers que les douleurs que crée une civilisation imparfaite se répandent, en des formes diverses, sur la société tout entière. Entrez dans l'existence de ce riche : elle est remplie d'amertume. Pourquoi donc ? Est-ce qu'il n'a pas la santé, la jeunesse, et des flatteurs ? Est-ce qu'il ne croit pas avoir des amis ? Mais il est à bout de jouissances, voilà sa misère ; il a épuisé le désir, voilà son mal. L'impuissance dans la satiété, c'est la pauvreté des riches ; la pauvreté moins l'espérance ! Parmi ceux que nous appelons les heureux, combien qui se battent en duel par besoin d'émotion ! Combien qui affrontent les fatigues et les périls de la chasse pour échapper aux tortures de leur repos ! Combien qui, malades dans leur sensibilité, succombent lentement à de mystérieuses blessures, et fléchissent peu à peu, au sein même d'un bonheur apparent, sous le niveau de la commune souffrance ! À côté de ceux qui rejettent la vie comme un fruit amer, voici ceux qui la rejettent comme une orange desséchée : quel désordre social ne révèle pas ce désordre moral immense ! Et quelle rude leçon donnée à l'égoïsme, à l'orgueil, à toutes les tyrannies, que cette inégalité dans les moyens de jouir aboutissant à l'égalité dans la douleur !

Et puis, pour chaque indigent qui pâlit de faim, il y a un riche qui pâlit de peur. — « je ne sais, dit Miss Wardour, au vieux mendiant qui l'avait sauvée, ce que mon père a dessein de faire pour notre libérateur, mais bien certainement il vous mettra à l'abri du besoin pour le reste de votre vie. En attendant, prenez cette bagatelle. — pour que je sois volé et assassiné quelque nuit en allant d'un village à l'autre, répondit le mendiant, ou pour que je sois toujours dans la crainte de l'être, ce qui ne vaut guère mieux ! Eh ! Si l'on me voyait changer un billet de banque, qui serait ensuite assez fou pour me faire l'aumône ? »

Admirable dialogue ! Walter Scott ici n'est plus un romancier : c'est un philosophe, c'est un publiciste. Nous connaissons un homme plus malheureux que l'aveugle qui entend retentir dans la sébile de son chien l'obole implorée ; c'est le puissant roi qui gémit sur la dotation refusée à son fils.

Mais ce qui est vrai dans l'ordre des idées philosophiques l'est-il moins dans l'ordre des idées économiques ? Ah ! Dieu merci, il n'est pour les sociétés ni progrès partiel ni partielle déchéance. *Toute* la société s'élève ou *toute* la société s'abaisse. Les lois de la justice sont-elles mieux comprises ? *toutes* les conditions en profitent. Les notions du juste viennent-elles à s'obscurcir ?*toutes* les conditions en souffrent. Une nation dans laquelle une classe est opprimée, ressemble à un homme qui a une blessure à la jambe : la jambe malade interdit tout exercice à la jambe saine. Ainsi, quelque paradoxale que cette proposition puisse paraître, oppresseurs et opprimés gagnent également à ce que l'oppression soit détruite ; ils perdent également à ce qu'elle soit maintenue. En veut-on une preuve bien frappante ? La bourgeoisie a établi sa domination sur la concurrence illimitée, principe de tyrannie : eh bien ! C'est par la concurrence illimitée que nous voyons aujourd'hui la bourgeoisie périr. J'ai deux millions, dites-vous ; mon rival n'en a qu'un : dans le champ-clos de l'industrie, et avec l'arme du bon marché, je le ruinerai à coup sûr. Homme lâche et insensé ! Ne comprenez-vous pas que demain, s'armant contre vous de vos propres armes, quelque impitoyable Rothschild vous ruinera ? Aurez-vous alors le front de vous en plaindre ? Dans cet abominable système de luttes quotidiennes, l'industrie moyenne a dévoré la petite industrie. Victoires de Pyrrhus ! Car voilà qu'elle est dévorée à son tour par l'industrie en grand, qui, elle-même, forcée de poursuivre aux extrémités du monde des consommateurs inconnus, ne sera bientôt plus qu'un jeu de hasard qui, comme tous les jeux de hasard, finira pour les uns par la friponnerie, pour les autres par le suicide. La tyrannie n'est pas seulement odieuse, elle est aveugle. Pas d'intelligence où il n'y a pas d'entrailles.

Prouvons donc :

1° que la concurrence est pour le peuple un système d'extermination ;

2° que la concurrence est pour la bourgeoisie une cause sans cesse agissante d'appauvrissement et de ruine.

Cette démonstration faite, il en résultera clairement que tous les intérêts sont solidaires, et qu'une réforme sociale est pour tous les membres de la société, sans exception, un moyen de salut

II

LA CONCURRENCE EST POUR LE PEUPLE UN SYSTÈME D'EXTERMINATION.

Le pauvre est-il un membre ou un ennemi de la société ? Qu'on réponde.

Il trouve tout autour de lui le sol occupé.

Peut-il semer la terre pour son propre compte ? Non, parce que le droit de premier occupant est devenu droit de propriété.

Peut-il cueillir les fruits que la main de Dieu a fait mûrir sur le passage des hommes ? Non, parce que, de même que le sol, les fruits ont été *appropriés*.

Peut-il se livrer à la chasse ou à la pêche ? Non, parce que cela constitue un droit que le gouvernement afferme.

Louis Blanc

Peut-il puiser de l'eau à une fontaine enclavée dans un champ ? Non, parce que le propriétaire du champ est, en vertu du droit d'accession, propriétaire de la fontaine.

Peut-il, mourant de faim et de soif, tendre la main à la pitié de ses semblables ? Non, parce qu'il y a des lois contre la mendicité.

Peut-il, épuisé de fatigue et manquant d'asile, s'endormir sur le pavé des rues ? Non, parce qu'il y a des lois contre le vagabondage.

Peut-il, fuyant cette patrie homicide où tout lui est refusé, aller demander les moyens de vivre, loin des lieux où la vie lui a été donnée ? Non, parce qu'il n'est permis de changer de contrée qu'à de certaines conditions, impossibles à remplir pour lui.

Que fera donc ce malheureux ? Il vous dira : « J'ai des bras, j'ai une intelligence, j'ai de la force, j'ai de la jeunesse ; prenez tout cela, et en échange donnez-moi un peu de pain. » C'est ce que font et disent aujourd'hui les prolétaires. Mais ici même vous pouvez répondre au pauvre : « Je n'ai pas de travail à vous donner. » Que voulez-vous qu'il fasse alors ?

La conséquence de ceci est très simple. Assurez du travail au pauvre. Vous aurez encore peu fait pour la justice, et il y aura loin de là au règne de la fraternité ; mais, du moins, vous aurez conjuré d'affreux périls et coupé court aux révoltes ? Y a-t-on bien songé ? Lorsqu'un homme qui demande à vivre en servant la société en est fatalement réduit à l'attaquer sous peine de mourir, il se trouve, dans son apparente agression, en état de légitime défense, et la société qui le frappe ne juge pas : elle assassine.

La question est donc celle-ci : la concurrence est-elle un moyen d'assurer du travail au pauvre ? Mais poser la question de la sorte, c'est la résoudre. Qu'est-ce que la concurrence relativement aux travailleurs ? C'est le travail mis aux enchères. Un entrepreneur a besoin d'un ouvrier : trois se présentent. Combien pour votre travail ? — Trois francs : j'ai une femme et des enfants. — Bien. Et vous ? — Deux francs et demi : je n'ai pas d'enfants, mais j'ai une femme. — À merveille. Et vous ? — Deux francs me suffiront : je suis seul. — À vous donc la préférence. C'en est fait : le marché est conclu. Que deviendront les deux prolétaires exclus ? Ils se laisseront mourir de faim, il faut l'espérer. Mais s'ils allaient se faire voleurs ? Ne craignez rien, nous avons des gendarmes. Et assassins ? Nous avons le bourreau. Quant au plus heureux des trois, son triomphe n'est que provisoire. Vienne un quatrième travailleur assez robuste pour jeûner de deux jours l'un, la pente du rabais sera descendue jusqu'au bout : nouveau paria, nouvelle recrue pour le bagne, peut-être !

Dira-t-on que ces tristes résultats sont exagérés ; qu'ils ne sont possibles, dans tous les cas, que lorsque l'emploi ne suffit pas aux bras qui veulent être employés ? Je demanderai, à mon tour, si la concurrence porte par aventure en elle-même de quoi empêcher cette disproportion homicide ? Si telle industrie manque de bras, qui m'assure que, dans cette immense confusion créée par une compétition universelle, telle autre n'en regorgera pas ? Or, n'y eût-il, sur trente-quatre millions d'hommes, que vingt individus réduits à voler pour vivre, cela suffit pour la condamnation du principe.

Mais qui donc serait assez aveugle pour ne point voir que, sous l'empire de la concurrence illimitée, la baisse continue des salaires est un fait nécessairement général, et point du tout exceptionnel ? La population a-t-elle des limites qu'il ne lui soit jamais donné de franchir ? Nous est-il loisible de dire à l'industrie abandonnée aux caprices de l'égoïsme individuel, à cette industrie, mer si féconde en naufrages : « Tu n'iras pas plus loin ? » La population s'accroît sans cesse : ordonnez donc à la mère du pauvre de devenir stérile, et blasphémez Dieu qui l'a rendue féconde ; car, si vous ne le faites, la lice sera bientôt trop étroite pour les combattants. Une machine est inventée : ordonnez qu'on la brise, et criez anathème à la science ; car, si vous ne le faites, les mille ouvriers que la machine nouvelle chasse de leur atelier iront frapper à la porte de l'atelier voisin et faire baisser le salaire de leurs compagnons. Baisse systématique des salaires, aboutissant à la suppression d'un certain nombre d'ouvriers, voilà l'inévitable effet de la concurrence illimitée. Elle n'est donc qu'un procédé industriel au moyen duquel les prolétaires sont forcés de s'exterminer les uns les autres.

Au reste, pour que les esprits exacts ne nous accusent pas d'avoir chargé les couleurs du tableau, voici quelle est, formulée en chiffres, la condition de la classe ouvrière à Paris.

On y verra qu'il y a des femmes qui ne gagnent pas plus de soixante-quinze centimes par jour, et cela pendant neuf mois de l'année seulement, ce qui veut dire que pendant trois mois elles ne gagnent absolument rien, ou si l'on veut, que leur salaire, réparti sur toute l'année, se réduit à environ 57 centimes par jour.[1]

TRAVAIL DES FEMMES

Noms des métiers	Prix par jour		Mortes saisons	Observations
	f.	c.		
Blanchisseuse	2		4 mois	État malsain
Bordeuses de souliers		75	3	
Brocheuses	1	50	3	
Brodeuse en tout genre	1	50	4-5	
Bruniseuse sur métaux	2	25	5	
Bruniseuse sur porcelaine	1	75	5	
Cartières	1	50	3	
Cartonnières	1	50	3	
Casquetières	1	25	4	
Chandelières	1	25	4-5	
Chaussonnières	1			
Coloristes	1	25	4-5	Journée de 13 h.
Couseuses de chap. de paille	2		6	
Couturières en robes	1	25	6	
Couverturières	1	25	4	Journée de 14 h.
Découpeuses pour voiles		90	5	
Doreuses sur bois	1	25	5	
Encarteuses	1	25	5	
Faiseuses de boutons	1	25	4	
Fleuristes	1	75	5	
Frangières		75	3	
Gantières	1	25	4	
Giletières et culottières	1	50	4	
Lingère pour les boutiques	1			
Modistes pour la parure	2		4	

1 Nous devons les renseignements suivants, que nous avons mis beaucoup de soin à recueillir et que personne ne sera tenté d'accuser d'exagération, à plus de 1500 ouvriers et ouvrières faisant partie du personnel de 830 ateliers situés dans Paris. Il va sans dire que pour chaque profession nous avons pris la *moyenne* des chiffres qui nous ont été données.

Modistes apprêteuses	1	50	4	
Passemantières	1	50	4	
Peloteuses de coton	1		3	
Piqueuses en or	2	50	6	
Piqueuses de bottes	1	50	4	
Plumassières	1	50	4	
Polisseuses pour compas	2		4	
Polisseuses argent et émail	2	25	6	
Rattacheuses de coton		90	3	
Ravaudeuses	1	25	3	
Repasseuses	2		3	État malsain
Teinturières	2	25		
Vermicelière	1	50	4	

TRAVAIL DES HOMMES

Noms des métiers	Prix par jour		Mortes saisons	Observations
	f.	c.		
Apprêteurs de chap. de paille	4		7	
Argenteurs	3		3	
Armuriers.	4		4	
Batteurs d'or.	3	50	3	
Bijoutiers en or	3	5	5	
Bouchers (garçons)	3		3	
Boulangers	3	75	3	
Bourreliers	2	25	3	
Boutonniers	2	75	3	
Chapeliers	3	50	5	
Charcutiers	1		4	Nourris
Charpentiers	4	50	4	État dangereux
Charrons	3		5	

Louis Blanc

Ciseleurs	3	50	4	
Compositeurs	3	50	3	
Confiseurs	3	50	5	
Cordonniers	2	75	3	
Corroyeurs	4		4	
Couteliers	3		3	Journée de 13 h
Couvreurs	4	50	4	État dangereux
Doreurs sur bois	3		3	Journées 16h
Doreurs sur métaux	3	75	4	Danger. à cause du mercure
Ébénistes	3		3	
Estampeurs	3	50	4	
Fabricants de compas	4		4	
Fabricants de lunettes écaille	3		6	
Fabricants de parapluies	3		4	
Facteurs de pianos	4		3	
Ferblantiers	3	25	3	
Fondeurs en caractères	3	50	4	
Fondeurs en cuivre	4	25	3	État dangereux
Fondeurs en fonte[1]	4		3	État dangereux
Forgerons	4		3	Les limeurs ont 2 f. 50
Fumistes	4		6	
Gantiers	3	50		
Horlogers	4		4	
Imprimeurs en caractères	4		4	
Imprimeurs en étoffes	4	25	4	
Imprimeurs en lithographie	3	25	4	

TRAVAIL DES HOMMES

PREMIÈRE PARTIE

Noms des métiers	Prix par jour		Mortes saisons	Observations
	f.	c.		
Imprimeurs en papiers peints	3	50	4-5	
Imprimeurs en taille-douce	4		4	1 fr. 25 c. de fournitures par semaine.
Imprimeurs en musique	3	25	4	
Lampistes.	3		4	
Layetiers.	3		4	
Maçons, compagnons[2]	4		4	
Marbriers en bâtiments	4		4	
Marbriers en pendules	4	25	3	
Maréchale ferrant.	2	75	3	
Menuisiers bâtiments	3		4	
Menuisiers en fauteuils	3	50	3	
Opticiens	3		6	
Orfèvres	3		6	
Passementiers	3		4	
Paveurs	4		4	Manœuvres, 2 f. 25.
Peintres en bâtiments	3	50	5	
Peintres voitures	2	75	5	
Perruquiers		85	0	Mal nourris, mal couchés.
Plombiers	4	50	4	
Porcelainiers	3	75		
Relieurs	3		3	
Selliers	2	75	5	
Serruriers en bâtiments	3	50	4	
Souffleurs de verres	4	25	3	État dangereux.
Stéréotypeurs	4		3	
Tailleurs d'habits	3		5	

Louis Blanc

Tailleurs de pierre	4	25	4	
Tanneurs	3	50	4	
Tapissiers	4		4	
Teinturiers dégraisseurs	3		4	
Teinturiers soie	3	50		
Tôliers	3	50	3	
Tonneliers	3		3	
Tourneurs bois	3	50	4	
Tourneurs en chaises	3	50	4	
Tourneurs en cuivre	3	75	4	
Vernisseurs	4	25	4	

Que de larmes représente chacun de ces chiffres ! Que de cris d'angoisse ! Que de malédictions violemment refoulées dans les abîmes du cœur ! Voilà pourtant la condition du peuple à Paris, la ville de la science, la ville des arts, la rayonnante capitale du monde civilisé ; ville, du reste, dont la physionomie ne reproduit que trop fidèlement tous les hideux contrastes d'une civilisation tant vantée : les promenades superbes et les rues fangeuses, les boutiques étincelantes et les ateliers sombres, les théâtres où l'on chante et les réduits obscurs où l'on pleure, des monuments pour les triomphateurs et des salles pour les noyés, l'arc de l'étoile et la morgue !

C'est assurément une chose bien remarquable que la puissance d'attraction qu'exercent sur les campagnes ces grandes villes où l'opulence des uns insulte à tout moment à la misère des autres. Le fait existe pourtant, et il est trop vrai que l'industrie fait concurrence à l'agriculture. Un journal dévoué à l'ordre social actuel reproduisait naguère ces tristes lignes tombées de la plume d'un prélat, l'évêque de Strasbourg : « autrefois, me disait le maire d'une petite ville, avec trois cents francs je payais mes ouvriers ; maintenant mille francs me suffisent à peine. Si nous n'élevons très haut le prix de leurs journées, ils nous menacent de nous quitter pour travailler dans les fabriques. Et cependant, combien l'agriculture, la véritable richesse de l'État, ne doit-elle pas souffrir d'un pareil ordre de choses ! Et remarquons que, si le crédit industriel s'ébranle, si une de ces maisons de commerce vient à crouler, trois ou quatre mille ouvriers languissent tout à coup sans travail, sans pain, et demeurent à la charge du pays. Car ces malheureux ne savent point économiser pour l'avenir : chaque semaine voit disparaître le fruit de leur travail. Et dans les temps de révolutions, qui sont précisément ceux où les banqueroutes deviennent plus nombreuses, combien n'est pas funeste à la tranquillité publique cette population d'ouvriers affamés qui passent tout à coup de l'intempérance à l'indigence ! Ils n'ont pas même la ressource de vendre leurs bras aux cultivateurs ; n'étant plus accoutumés aux rudes travaux des champs, ces bras énervés n'auraient plus de puissance. »

Ce n'est donc pas assez que les grandes villes soient les foyers de l'extrême misère, il faut encore que la population des campagnes soit invinciblement attirée vers ces foyers qui doivent la dévorer. Et, comme pour aider à ce mouvement funeste, ne voilà-t-il pas qu'on va créer partout des chemins de fer ? Car les chemins de fer, qui, dans une société sagement organisée, constituent un progrès immense, ne sont dans la nôtre qu'une calamité nouvelle. Ils tendent à rendre solitaires les lieux où les bras manquent, et à entasser les hommes là où beaucoup demandent en vain qu'on leur fasse une petite place au soleil ; ils tendent à compliquer le désordre affreux qui s'est introduit dans le classement des travailleurs, dans la distribution des travaux, dans la répartition des produits.

Passons aux villes de second ordre.

Le docteur Guépin a écrit dans un petit almanach, indigne, je suppose, de tenir sa place dans la bibliothèque de nos hommes d'État, les lignes suivantes :

« Nantes étant un terme moyen entre les villes de grand commerce et de grande industrie, telles que Lyon, Paris, Marseille, Bordeaux, et les places de troisième ordre, les habitudes des ouvriers y étant meilleures peut-être que partout ailleurs, nous ne croyons pouvoir mieux choisir pour mettre en évidence les résultats auxquels nous devons arriver, et leur donner un caractère de certitude absolue.

« À moins d'avoir étouffé tout sentiment de justice, il n'est personne qui n'ait dû être affligé en voyant l'énorme disproportion qui existe, chez les ouvriers pauvres, entre les joies et les peines ; vivre, pour eux, c'est uniquement ne pas mourir.

« Au delà du morceau de pain dont il a besoin pour lui et pour sa famille, au-delà de la bouteille de vin qui doit lui ôter un instant la conscience de ses douleurs, l'ouvrier ne voit plus rien et n'aspire à rien.

« Si vous voulez savoir comment il se loge, entrez dans une de ces rues où il se trouve parqué par la misère, comme les juifs l'étaient au moyen-âge par les préjugés populaires dans les quartiers qui leur étaient assignés. — Entrez en baissant la tête dans un de ces cloaques ouverts sur la rue et situés au-dessous de son niveau : l'air y est froid et humide comme dans une cave ; les pieds glissent sur le sol malpropre, et l'on craint de tomber dans la fange. De chaque côté de l'allée, qui est en pente, et par suite au-dessous du sol, il y a une chambre sombre, grande, glacée, dont les murs suintent une eau sale, et qui ne reçoit l'air que par une méchante fenêtre trop petite pour donner passage à la lumière, et trop mauvaise pour bien clore. Poussez la porte et entrez plus avant, si l'air fétide ne vous fait pas reculer ; mais prenez garde, car le sol inégal n'est ni pavé ni carrelé, ou au moins les carreaux sont recouverts d'une si grande épaisseur de crasse, qu'il est impossible de les voir. Ici deux ou trois lits raccommodés avec de la ficelle qui n'a pas bien résisté : ils sont vermoulus et penchés sur leurs supports ; une paillasse, une couverture formée de lambeaux frangés, rarement lavée parce qu'elle est seule, quelquefois des draps et un oreiller : voilà le dedans du lit. Quant aux armoires, on n'en a pas besoin dans ces maisons. Souvent un rouet et un métier de tisserand complètent l'ameublement.

« Aux autres étages, les chambres plus sèches, un peu plus éclairées, sont également sales et misérables. — C'est là, souvent sans feu, l'hiver, à la clarté d'une chandelle de résine, le soir, que des hommes travaillent quatorze heures par jour pour un salaire de quinze à vingt sous.

« Les enfants de cette classe, jusqu'au moment où ils peuvent, moyennant un travail pénible et abrutissant, augmenter de quelques liards la richesse de leurs familles, passent leur vie dans la boue des ruisseaux ; — pâles, bouffis, étiolés, les yeux rouges et chassieux, rongés par des ophtalmies scrofuleuses, ils font peine à voir ; on les dirait d'une autre nature que les enfants des riches. Entre les hommes des faubourgs et ceux des quartiers riches, la différence n'est pas si grande ; mais il s'est fait une terrible épuration : les fruits les plus vivaces se sont développés, mais beaucoup sont tombés de l'arbre. Après vingt ans, l'on est vigoureux ou l'on est mort. Quoi que nous puissions ajouter sur ce sujet, le détail des dépenses de cette fraction de la société parlera plus haut.

Loyer pour une famille	25 fr.
Blanchissage	12
Combustible	35
Réparation des meubles	3 fr.
Déménagement (au moins une fois chaque année)	2
Chaussure	12
Habits (ils portent de vieux habits qu'on leur donne.)	0
Médecin	gratuit
Pharmacien	gratuit

« Il faut que 196 fr, complétant les 300 fr gagnés annuellement par une famille, suffisent à la nourriture de quatre ou cinq personnes, qui doivent consommer, au minimum, en se privant beaucoup, pour 150 fr de pain. Ainsi, il leur reste 46 fr pour acheter le sel, le beurre, les choux et les pommes de terre ; nous ne parlerons pas de la viande, dont ils ne font pas usage. Si l'on songe maintenant que le cabaret absorbe encore une certaine somme, on comprendra que, malgré les quelques livres de pain fournies de temps en temps par la charité, l'existence de ces familles est affreuse. »

Nous avons eu occasion d'étudier par nous-mêmes à Troyes l'influence du régime social actuel sur le sort de la classe ouvrière ; et nous avons eu sous les yeux des spectacles navrants. Mais, pour qu'on ne nous accuse pas d'exagération, nous laisserons parler les chiffres que nous a fournis une enquête personnelle :

STATISTIQUE DE L'INDUSTRIE À TROYES.

BONNETIERS : 400 maîtres, payant patente et employant environ 300 ouvriers, dont la moitié gagnent par jour de 1 fr. à 1 fr. 25 ; le quart, de 1 fr. 15 à 1 fr. 50 ; et l'autre quart 1 fr.

CHARPENTIERS : 25 maîtres, occupant 250 ouvriers. Les prix de la journée de travail sont de 1 fr. 75, 2 fr. et 2 fr. 25.

CORDONNIERS : 200 maîtres, et de 300 à 400 ouvriers, lesquels gagnent de 1 fr. 25 à 1 fr. 75. Quelques-uns, les bottiers, gagnent de 2 fr. à 2 fr. 50.

Louis Blanc

MAÇONS : 20 maîtres, occupant à peu près 150 ouvriers. Prix de la journée : de 1 fr. 75 à 2 fr 50, comme pour les couvreurs.

MENUISIERS : 150 maîtres, occupant environ 700 ouvriers. Prix moyen de la journée 2 fr.

PLAFONNIERS ET PEINTRES EN BÂTIMENTS : 100 maîtres et 300 ouvriers. Le prix de la journée varie de 1 fr. 50 à 2 fr.

SERRURIERS : 80 maîtres et 250 ouvriers environ. Prix de la journée : de 1 fr. 75 à 2 fr. 25.

TAILLEURS D'HABITS : 120 maîtres et 200 à 250 ouvriers, gagnant par jour de 1 fr. 25 à 2 fr. 50. Les plus habiles et les mieux placés gagnent jusqu'à 3 fr 50. Mais de ceux-là le nombre est fort petit.

TANNEURS ET CORROYEURS : 25 ateliers occupant de 50 à 60 ouvriers qui gagnent de 2 à 3 fr. Ils ne travaillent que onze heures par jour.

Tisserands : ils sont au nombre de 500 à 600. Ils gagnent journellement de 75 c à 1 fr 50. Quelques-uns vont jusqu'à 2 fr ; mais en travaillant treize et même quatorze heures par jour.

Nous n'avons pas fait entrer dans ce tableau les professions qui n'occupent qu'un très petit nombre d'ouvriers.

Veut-on des chiffres d'un caractère plus général et d'une portée plus sinistre ?

Il résulte d'un rapport officiel, publié en 1837, par M. Gasparin, que le nombre des indigents secourus dans les 1329 hôpitaux et hospices du royaume ne s'élevait pas, en 1833, à moins de 425, 049. En ajoutant à ce nombre accusateur celui des indigents secourus à domicile par les bureaux de bienfaisance, l'auteur du beau livre sur la misère des classes laborieuses, M. Buret, constate, comme résultat certain des dernières investigations administratives, qu'en France il y a plus d'un million d'hommes qui souffrent, littéralement, de la faim et ne vivent que des miettes tombées de la table des riches. Encore ne parlons-nous ici que des indigents *qui sont officiels* : que serait-ce donc si nous pouvions faire le compte exact de ceux qui ne le sont pas ? En supposant qu'un indigent *officiel* en représente au moins trois, supposition admise par M. Buret, et qui n'a sûrement rien d'exagéré, on est conduit à reconnaître que la masse de la population souffrante est à la population totale, à peu près dans le rapport de 1 à 9. La neuvième partie de la population réduite à la misère ! N'est-ce donc pas assez pour que nous proclamions vos institutions cruelles et le principe de ces institutions à jamais impie ?

Nous venons de montrer par des chiffres à quel excès de misère l'application du lâche et brutal principe de la concurrence a poussé le peuple. Mais tout n'est pas dit encore. La misère engendre d'effroyables conséquences : allons jusqu'au cœur de ce triste sujet.

Malesuada fames, disaient les anciens, *la faim mauvaise conseillère*. Mot terrible et profond ! Suivant les calculs de M Frégier, chef de bureau à la préfecture de police,[1] il existe à Paris 235 000 ouvriers de tout sexe et de tout âge à l'époque du ralentissement des travaux, et 265 000 pendant la période de pleine activité. Sur ce nombre, et toujours d'après les mêmes calculs, il y a 33 000 individus qui, précipités dans les bas-fonds du vice par la misère et l'ignorance, s'agitent et pourrissent dans un désespoir forcené. Quant aux misérables qui ne demandent les moyens de vivre qu'à une criminelle industrie, comme les voleurs, les fraudeurs, les escrocs, les recéleurs, les filles publiques et leurs amants, ils forment un total de 30 072, chiffre formidable, qui, ajouté à celui de 33 000, fait monter à plus de 63 000 individus de tout âge et de tout sexe cette armée du mal que Paris contient et alimente.

Parlerons-nous des repaires où se vautre la population des malfaiteurs que la police connaît sans avoir des motifs suffisants pour les saisir ? Au cœur de la capitale du monde civilisé, dans des quartiers infects, dans des rues pleines de sanglants mystères, il est des demeures où l'on vend pour deux sous le repos de la nuit. L'auteur du livre sur les *classes dangereuses* dit, — t. 1er, p. 52, — que le nombre des garnis les plus infimes s'élevait, en 1836, à 243 ; qu'ils contenaient ensemble une population de 6 000 locataires, dans laquelle entraient pour un tiers des femmes se livrant à la prostitution ou au vol.

Là, en effet, viennent s'entasser, dans un abominable pêle-mêle, les lépreux de notre monde moral, et, perdues dans leur foule hideuse, quelques pauvres créatures auxquelles l'excès de la misère tient lieu de vice ! Là se passent des scènes à faire frémir. Les visages qu'on y rencontre n'ont rien que de farouche et de bestial. La langue qu'on y parle est une langue funeste, inventée pour couvrir la pensée. On y exagère jusqu'à l'orgie, et il arrive chaque jour aux habitués de mêler le sang de leurs querelles au vin bleu où leur abrutissement se ravive et s'épuise. Aussi est-ce de là que sortent quelquefois ceux qui, au travers

---

1 *Des Classes dangereuses de la population*, t. Ier, p. 27 et suiv.

Louis Blanc

de la société qu'ils remplissent d'horreur et d'épouvante, font route vers le bagne ou vers l'échafaud.

Et, ce qu'il y a d'affreux à dire, c'est que beaucoup de malfaiteurs occupent à Paris une sorte de position officielle. La police les connait, elle a leur nom et leur adresse, elle tient registre de leur corruption ; elle les suit pas à pas, pour parvenir à les prendre en flagrant délit. Eux, de leur côté, ils marchent la tête haute, tant qu'il n'y a pas preuve juridique de leurs excès, et ils se tiennent audacieusement à l'affût de l'occasion. De sorte que la répression et le mal constituent, au sein de notre société, deux puissances ennemies qui se fortifient à loisir, s'observent continuellement et avec scandale, se mesurent des yeux, luttent de ruse, et nous condamnent à assister sans fin ni trêve aux péripéties de leur combat éternel.

C'est peu. Longtemps le crime ne se rapporta qu'à des inspirations brutales, solitaires, personnelles : aujourd'hui, les meurtriers et les voleurs s'enrégimentent ; ils obéissent à des règles disciplinaires ; ils se sont donné un code, une morale ; ils agissent par bandes, et en vertu de combinaisons savantes. La cour d'assises, dans ces derniers temps, a fait successivement passer sous nos yeux, et la *bande Charpentier*, qui avait déclaré la guerre aux fortunes moyennes ; et la *bande Courvoisier*, qui avait systématisé le pillage du faubourg Saint-Germain ; et la *bande Gauthier Pérez*, qui s'attaquait à l'épargne des ouvriers ; et les bandes des *Auvergnats*, des *Endormeurs*, des*Étrangleurs*. La force, qu'on refuse d'admettre dans le domaine du travail, passe dans le camp du crime. De fort honnêtes gens affirment qu'on ne peut avec ensemble produire devant des scélérats qui mettent de l'ensemble dans leurs égorgements. Et, en attendant qu'on se décide à organiser l'association des travailleurs, nous voyons s'organiser celle des assassins.

Un tel désordre est intolérable : il y faut un terme. Mais si les résultats nous glacent d'effroi, c'est bien le moins que nous prenions la peine de remonter aux causes. À proprement parler, il n'y en a qu'une, et elle se nomme la misère.

Car, que des hommes naissent nécessairement pervers, nous ne l'oserions prétendre, de peur de blasphémer Dieu. Il nous plaît davantage de croire que l'œuvre de Dieu est bonne, qu'elle est sainte. Ne soyons pas impies, pour nous absoudre de l'avoir gâtée. Si la liberté humaine existe dans la rigoureuse acception du mot, de grands philosophes l'ont mis en doute : toujours est-il que chez le pauvre elle se trouve étrangement modifiée et comprimée. Je connais une tyrannie bien plus inexorable, bien plus difficile à éluder ou à secouer que celle d'un Tibère et d'un Néron, c'est la tyrannie des choses. Elle naît d'un ordre social corrompu ; elle se compose de l'ignorance, de l'indigence, de l'abandon, des mauvais exemples, des douleurs de l'âme qui attendent en vain un consolateur, des souffrances du corps qui ne trouvent pas de soulagement ; elle a pour victime quiconque est en peine de sa nourriture, de son vêtement et de son gîte, dans un pays qui a des moissons abondantes, des magasins encombrés d'étoffes précieuses et des palais vides.

Voici un malheureux qui a pris naissance dans la boue de nos villes. Aucune notion de morale ne lui a été donnée. Il a grandi au milieu des enseignements et des images du vice. Son intelligence est restée dans les ténèbres. La faim lui a soufflé ses ordinaires tentations. La main d'un ami n'a jamais pressé sa main. Pas de voix douce qui ait éveillé dans son cœur flétri les échos de la tendresse et de l'amour. Maintenant, s'il devient coupable, criez à votre justice d'intervenir : notre sécurité l'exige ! Mais n'oubliez pas que votre ordre social n'a pas étendu sur cet infortuné la protection due à ses douleurs. N'oubliez pas que son libre arbitre a été perverti dès le berceau ; qu'une fatalité écrasante et injuste a pesé sur son vouloir ; qu'il a eu faim ; qu'il a eu froid ; qu'il n'a pas su, qu'il n'a pas appris la bonté…, bien qu'il soit votre frère, et que votre Dieu soit aussi celui des pauvres, des faibles, des ignorants, de toutes les créatures souffrantes et immortelles.

Quand on livre, aujourd'hui, un homme au bourreau, si vous demandez pourquoi ? On répond : « parce que cet homme a commis un crime. » Et si vous demandez ensuite pourquoi cet homme a commis un crime, on ne répond rien !

Un jour, le 4 novembre 1844, je lisais la *Gazette des Tribunaux* : elle contenait, sur un meurtre récemment commis, des détails d'une signification poignante :

« Le 12 juillet dernier, porte l'acte d'accusation, dressé par M le procureur général Hébert, Chevreuil se présenta au poste du conservatoire des arts et métiers, s'accusant d'avoir tué sa femme, et donnant aussitôt les détails du crime dont il se déclarait coupable ; il fit connaître que sa victime, nommée Cœlina-Annette Bronn, était une concubine avec laquelle il vivait depuis un mois ; que, malheureux et fatigués de la vie que la misère leur rendait désormais insupportable, ils avaient d'un commun accord résolu de mourir ensemble ; que pour arriver à l'exécution de ce funeste projet, ils avaient bu de l'eau-de-vie, fermé et calfeutré la fenêtre de leur chambre, et préparé le charbon qui devait les asphyxier. La fille Cœlina Bronn s'était mise au lit : « Nous allons bientôt mourir ! Lui aurait dit Chevreuil. — oui, oui, » aurait-elle répondu, en balbutiant ces mots : « pas encore, attends ! » ces paroles furent suivies d'attaques de nerfs, que l'accusé dit avoir calmées avec un verre d'eau sucrée. La fille Bronn, un peu remise, reprit : « tu vas mourir, mon bon Julien, tu as allumé le charbon, endormons-nous. » elle s'endormit en effet. Cependant le charbon n'était pas allumé ; à en croire l'accusé, il avait craint que, dans ses attaques, la fille Bronn ne tombât sur le brasier et ne se brûlât. C'est dans cet instant, dit-il, qu'il conçut la pensée d'étouffer cette malheureuse, et qu'ayant de nouveau bu de l'eau-de-vie pour s'enhardir, il fit fondre de la poix, l'étendit sur une toile, et l'appliqua sur le visage, de façon que la bouche et les narines fussent entièrement couvertes. Annette Bronn mourut en peu d'instants ; Chevreuil prétend qu'il n'a plus eu le courage d'allumer le charbon, ni de se donner la mort d'une autre manière ; mais qu'il s'est hâté de descendre au poste pour se livrer à la justice. »

Cette pauvre fille que son amant vient d'étouffer sous un masque de poix n'était pas une nature vulgaire, s'il en faut juger par les circonstances du procès. « Je vais te conter de mes idées, disait-elle un jour à son amant. Étant plus jeune, je travaillais à Saint-Maur ; et, le soir, quand il faisait beau, je m'en allais seule dans les champs, près de la voûte Saint-Maur, dans un lieu charmant, où j'étais entourée de verdure et de fleurs. J'y ai pleuré bien des fois, pour des chimères que je me créais. Une pièce intitulée *Kettli*, que j'avais vue au gymnase, m'avait troublée. Il y a dans cette pièce une femme qui aime bien ; et moi, dans ma solitude, j'aimais, comme cette femme, un être surnaturel que je ne connaissais pas, que je ne voyais même pas. Je lui parlais, cependant ; je croyais le voir près de moi ; il dormait à mes côtés. Puis, j'allais chercher des fleurs, que je répandais autour de lui, et je disais bien bas : il est là, il m'est fidèle ! Oh oui, j'aimais bien, et je pleurais ; et j'étais heureuse par ces idées que je me faisais, car j'allais dans cet endroit là tous les jours. »

Quelle profondeur de sentiment ! Que d'idéal ! Quel touchant mélange de passion et de rêverie ! Quel fonds de douce tristesse ! Mais Cœlina Bronn était vouée à la misère : son âme s'y est bientôt avilie et consumée. Elle a cherché dans l'ivresse de honteux étourdissements, un fatal délire ; et enfin, trouvant la vie trop pesante, elle a dit à son amant :

« Tu vas mourir, mon bon Julien ? Endormons-nous ! »

Ainsi, comme pour varier ses funèbres leçons, la misère se montre à nous sous les aspects les plus divers : navrante chez les uns, menaçante et hideuse chez les autres ; tantôt précédant le suicide, tantôt conseillant le meurtre. En faut-il davantage pour que les gouvernements se décident enfin à étudier les remèdes possibles ?

Il y a quelques années, M Boucly, procureur du roi, reconnaissait dans son discours de rentrée, que l'ordre social actuel présente des plaies sans nom ; que la discorde y veille au seuil des familles, toujours prête à les envahir ; qu'on y tient école ouverte de cupidité ou d'avarice ; qu'on y marche continuellement entre les fourneaux allumés des recéleurs et les poignards des rôdeurs de nuit ; que c'est à Paris, foyer de la civilisation moderne, centre de nos sciences et de nos arts, que le crime fait de préférence élection de domicile ; que c'est des flancs mystérieux et redoutables de Paris que s'échappent les Lacenaire et les Poulmann, scélérats systématiques, exécrables héros d'un monde inconnu ; que sous cette couche de richesse, d'élégance, de bon ton, de folle gaîté, il se déroule des drames à faire dresser les cheveux sur la tête ; qu'à quelques pas de nous, il y a de fabuleux déréglements, des prodiges de débauche, d'invraisemblables raffinements d'infamie, des enfants tués à petit feu par leurs mères ! Oui, voilà ce que les agents les plus graves du pouvoir sont forcés de reconnaître. Et la seule conclusion qu'ils en tirent, c'est qu'il est urgent de multiplier, d'aiguiser les glaives de la justice ! Et ils n'ont pas un mot à dire sur la nécessité de tarir la source de tant de forfaits et d'horreurs ! Cependant, mieux vaudrait, ce semble, prévenir que réprimer. Il résulte de renseignements pris par M. Léon Faucher que le nombre des individus arrêtés et interrogés au petit parquet de la Seine était :

En 1832, de

9 047

Et en 1842, de

11 574

Ce qui représente, de 1832 à 1842, — et pour parler le langage exquis de notre époque — un accroissement dans le mal de 28 p.%. Pourtant, la ville de Paris est protégée par une garde nationale nombreuse, par

Louis Blanc

15, 000 hommes de garnison, par 3, 000 gardes municipaux, par 830 sapeurs-pompiers, par des nuées de commissaires, d'inspecteurs, de sergents de ville, d'agents secrets ; et l'on ne cesse d'ajouter aux ressources de la force publique. Mais la répression a beau grandir, le mal grandit plus vite encore. Attendrons-nous qu'il devienne invincible, qu'il nous étreigne, qu'il nous étouffe ?

Donc, s'il y a ici une question de charité, en ce qui concerne le pauvre, il y a une question de sécurité, en ce qui concerne le riche. Tyrannie infatigable pour l'un, la concurrence, mère de la pauvreté, est pour l'autre une perpétuelle menace. Personne n'ignore que la plupart des malfaiteurs sortent des grands centres d'industrie, et que les départements manufacturiers fournissent aux cours d'assises un nombre d'accusés double de celui que donnent les départements agricoles : ce seul rapprochement dit assez ce qu'on doit penser de l'organisation actuelle du travail, des conditions qui lui sont imposées et des lois qui le régissent.

Après cela, imaginez quelque beau système pénitentiaire, ô philanthropes ! Quand vous aurez fait de la peine un moyen d'éducation pour le criminel, la misère qui l'attend au sortir de vos prisons l'y repoussera sans pitié. Médecins clairvoyants, laissez, croyez-moi, ce pestiféré dans son hôpital : en le rendant à la liberté, vous le rendez à la peste.

Aussi bien, le contact du scélérat incorrigible est mortel pour l'homme faible qui serait susceptible de guérison, le vice ayant comme la vertu sa contagion et son point d'honneur.

C'est ce qui a été amèrement compris par nos hommes d'État, et c'est ce qui a donné naissance à la loi sur les prisons, telle qu'en mai 1844 la chambre des députés l'a votée. Cette loi a pour but d'éviter les dangers du pêle-mêle immonde qui rive, dans les prisons, les novices du crime à ceux qui en ont depuis longtemps contracté la gangrène. Cette loi introduit en France, non pas même le système d'Auburn, qui consacre l'isolement de nuit, mais le système de Philadelphie, qui consacre l'isolement de nuit et de jour. De sorte que pour sauver la société des fureurs du coupable que les prisons lui renvoient plus perverti, plus hideusement expérimenté, plus terrible, il a fallu en venir au système cellulaire, lequel n'est autre chose que l'ensevelissement avec la durée : peine effroyable qui aboutit à l'hébêtement, au suicide ou à la folie ! À Rome, quand une vestale avait succombé à l'amour, on l'enterrait vive, et l'on plaçait à côté d'elle une cruche d'eau et un pain ; mais, ainsi que nous le disait un jour l'illustre Lamennais, à Rome on avait l'humanité de ne pas renouveler le pain de la vestale ensevelie, de ne pas renouveler sa cruche d'eau. Dans la patrie du système qui vient de nous envahir, l'État de Rhode-Island a renoncé à l'emprisonnement solitaire depuis le 1er janvier 1843, parce que sur 37 individus, 6 étaient devenus fous. « La solitude, dit Silvio Pellico, est un si cruel tourment, que je ne résisterai jamais au besoin de tirer quelques paroles de mon cœur et d'inviter mon voisin à me répondre. Et s'il se taisait, je parlerais aux barreaux de ma fenêtre, aux collines qui sont en face, aux oiseaux qui volent. »

Non, rien n'est comparable à la cruauté de l'emprisonnement cellulaire. Une fois plongé vivant dans ce tombeau qu'on appelle une cellule, le condamné ne tient plus à l'humanité que par son désespoir. Pas de témoins pour son martyre, d'écho pour ses gémissements. Sa solitude, quatre murs glacés la contiennent et la resserrent. Tout lui manque à la fois : la vue des hommes et le spectacle des vastes cieux, les bruits de la terre et les harmonies de la nature. L'éternité du silence pèse sur lui. L'oubli l'enveloppe. Il respire et s'agite dans la mort.

Que la dernière loi votée ait adouci ce qu'aurait de barbare la logique d'un semblable châtiment, nous sommes heureux de le reconnaître, et nous bénissons du fond de l'âme les dispositions qui ménagent au condamné l'espérance de voir passer quelquefois devant lui un visage humain. Et cependant, combien est dure la loi, même ainsi conçue !

Mais nos législateurs ont eu foi, chose inconcevable ! dans le caractère moralisateur de l'emprisonnement cellulaire, et c'est ce qui, à leurs yeux, en a masqué l'horreur. Ils ont cru, par un aveuglement dont il y a peu d'exemples, que l'homme pouvait s'élever au sentiment de ses devoirs envers ses semblables, à force de vivre séparé d'eux ; qu'il était possible de réformer et d'éclairer les instincts de la sociabilité dans le coupable, en les refoulant avec violence, en les atrophiant par le défaut d'exercice et l'inertie de la volonté ; qu'en un mot, pour relever l'être déchu, il n'y avait qu'à le mettre en tête à tête avec ses crimes !

C'en est assez sur ce sujet : il demanderait à être approfondi, et nous l'avons abordé uniquement pour montrer que, dans un ordre social mauvais par la base, tout système pénitentiaire aura des inconvénients immenses, inévitables. Le meilleur, celui qui moraliserait en effet le condamné au lieu de le torturer, serait lui-même un danger manifeste

Louis Blanc

et un scandale. Car, de quel droit laisserait-on de pauvres enfants sucer le venin du vice dans la misère, à deux pas du pénitencier où l'on s'évertuerait à catéchiser des scélérats en cheveux blancs ? Et ne serait-ce pas le comble de l'imprudence que de convier l'homme abandonné, ignorant, abruti, affamé, désespéré, à chercher dans un crime ses titres au patronage social, et à se frayer la route de l'éducation à coups de poignard ?

Concluons de là qu'il n'est qu'un système pénitentiaire qui soit efficace et raisonnable : une saine organisation du travail. Nous avons au milieu de nous une grande école de perversité incessamment ouverte, et qu'il est urgent de fermer : c'est la misère.

Tant qu'on ne se sera point attaqué au principe du mal, on s'épuisera en efforts stériles contre la fatalité des conséquences. Voilé sans être détruit, le mal germera, il grandira sous les apparences du bien, mêlant une déception à chaque progrès, et sous chaque bienfait cachant un piége.

On sait si l'institution de la Caisse-d'Épargne a manqué de panégyristes et d'admirateurs.

Des publicistes sincères y ont vu pour le peuple un moyen de s'affranchir en s'élevant peu à peu à la richesse par la prévoyance : illusion profonde, dans une société qui mesure au peuple, d'une main si avare, non pas seulement le plaisir, mais la vie ! Le salaire des ouvriers ne suffit pas toujours à leur existence : comment suffirait-t-il à leurs économies ? La maladie, le chômage, attendent pour l'absorber le petit pécule des moins malheureux : comment ce pécule servirait-il à composer le capital du futur affranchissement des prolétaires ?

Aussi la Caisse-d'Épargne n'est-elle alimentée qu'en partie par les bénéfices du travail honnête. Recéleuse aveugle et autorisée d'une foule de profits illégitimes, elle accueille, après les avoir à son insu encouragés, tous ceux qui se présentent, depuis le domestique qui a volé son maître, jusqu'à la courtisane qui a vendu sa beauté.

On conseille au prolétaire d'amasser pour l'avenir : c'est lui dire de transiger avec la faim, d'étouffer en lui le germe impérissable du désir d'ajouter par sa volonté aux misères de sa condition. Et pourquoi ? Pour arriver à la possession d'un mince capital, proie réservée à la concurrence, après dix ans de privations et d'angoisses, quand le cœur vieilli ne bat plus pour le bonheur, quand l'homme a passé l'âge des fleurs et du soleil.

Mais la question a une portée plus haute. Il n'est pas sans danger dans une civilisation fausse et inique, de placer le peuple sous la dépendance de qui le gouverne. Lié par un intérêt étroit et factice au maintien des oppressions qui pèsent sur lui, ne pourrait-il pas se trouver enchaîné à son sort par la crainte de voir s'engloutir dans les hasards d'un changement social les quelques oboles, si douloureusement amassées. Et que n'oserait point contre les hommes du peuple un pouvoir devenu tyrannique, lorsqu'il disposerait de leur épargne, lorsqu'il tiendrait suspendu sur eux la menace d'une banqueroute, lorsqu'il lui serait loisible de les traîner à sa suite, esclaves de ses périls et complices des excès mêmes dont on les rendrait victimes ?

En soi, l'épargne est chose excellente : il n'y aurait à le nier qu'affectation puérile et folle. Mais — qu'on le remarque bien — combinée avec l'individualisme, l'épargne engendre l'égoïsme, elle fait concurrence à l'aumône, elle tarit imperceptiblement dans les meilleures natures les sources de la charité, elle remplace par une satisfaction avide la sainte poésie du bienfait. Combinée avec l'association, au contraire, l'épargne acquiert un caractère respectable, une importance sacrée. N'épargner que pour soi, c'est faire acte de défiance à l'égard de ses semblables et de l'avenir ; mais épargner pour autrui en même temps que pour soi, ce serait pratiquer la grande prudence, ce serait donner à la sagesse les proportions du dévouement.

Certains moralistes ont vanté dans l'institution actuelle de la caisse-d'épargne un puissant moyen de combattre le penchant des classes pauvres pour les tristes plaisirs de l'ivresse. Il nous semble que le remède est ailleurs. C'est parce que la réalité lui est trop dure, que l'ouvrier cherche si volontiers une issue vers le pays des songes. Cette coupe grossière qu'on veut, dans son intérêt, lui briser entre les mains, ce qui la lui fait aimer c'est qu'elle renferme les heures d'oubli. Combien qui ont besoin, pour supporter l'existence, d'en perdre à moitié le sentiment ! Et à qui la faute, sinon à la société, quand elle fait entre ses membres une répartition si injuste des travaux et des jouissances ? L'oisif s'enivre à force de s'ennuyer, le pauvre qui travaille s'enivre à force de souffrir. La sagesse naîtrait, pour tous, d'une convenable alternative d'exercice et de repos, de labeurs et de plaisirs. De sorte que nous sommes ramenés encore, toujours ramenés au problème fondamental : la suppression de la misère par l'anéantissement de sa cause originelle.

Louis Blanc

De l'individualisme, avons-nous dit, sort la concurrence ; de la concurrence, la mobilité des salaires, leur insuffisance… arrivés à ce point, ce que nous trouvons, c'est la dissolution de la famille. Tout mariage est un accroissement de charges : pourquoi la pauvreté s'accouplerait-elle avec la pauvreté ? Voilà donc la famille faisant place au concubinage. Des enfants naissent aux pauvres : comment les nourrir ? De là tant de malheureuses créatures trouvées mortes au coin des bornes, sur les marches de quelques églises solitaires, et jusque sous le péristyle du palais où se font les lois. Et pour que nul doute ne nous reste sur la cause des infanticides, la statistique vient encore ici nous apprendre que le chiffre des infanticides fourni par nos quatorze départements les plus industriels est à celui fourni par la France entière dans le rapport de quarante-et-un à cent vingt-et-un.[1] Toujours les plus grands maux là où l'industrie a choisi son théâtre ! Il a bien fallu que l'état en vînt à dire à toute mère indigente : « Je me charge de vos enfants. J'ouvre des hospices. » C'était trop peu. Il fallait aller plus loin et faire disparaître les obstacles qui auraient pu frapper le système d'impuissance. Les tours sont établis ; le bénéfice du mystère est accordé à la maternité qui s'abdique. Mais qui donc arrêtera les progrès du concubinage, maintenant que les séductions du plaisir sont dégagées de la crainte des charges qu'il impose ? C'est ce qu'ont crié aussitôt les moralistes. Puis sont venus les calculateurs sans entrailles, et leur plainte a été plus vive encore. « Supprimez les tours, supprimez les tours, ou bien attendez-vous à voir le chiffre des enfants trouvés grossir de telle sorte, que tous nos budgets réunis ne suffiront pas à les nourrir. » De fait, la progression en France a été remarquable depuis l'établissement des tours. Au 1er janvier 1784, le nombre des enfants trouvés était de 40 000 ; il était de 102 103 en 1820 ; de 122 981 en 1831. Il est à peu près aujourd'hui de 133 000.[2] Le rapport des enfants trouvés à la population a presque triplé dans l'espace de quarante ans. Quelle borne poser à cette grande invasion de la misère ? Et comment échapper au fardeau toujours croissant des centimes additionnels ? Je sais bien que les chances de mortalité sont grandes dans les ateliers de la charité moderne ; je sais bien que, parmi ces enfants voués à la publique bienfaisance, il en est beaucoup que tue, au sortir du taudis

---

1 Voir la statistique publiée par le *Constitutionnel* du 15 juillet 1840.

2 Voir les ouvrages de MM. Huerne de Pommeuse, Duchâtel, Benoiston de Château-neuf.

PREMIÈRE PARTIE

natal, l'air vif de la rue ou l'épaisse atmosphère de l'hospice ; je sais qu'il en est d'autres qu'une nourriture avare consume lentement, car, sur les 9 727 nourrices des enfants-trouvés de Paris, 6 264 seulement ont une vache ou une chèvre ; je sais enfin qu'il en est qui, réunis chez la même nourrice, meurent du lait que leurs compagnons, nés de la débauche, ont empoisonné.[1] Eh bien, cette mortalité même ne constitue pas, hélas ! Une économie suffisante.

Et puisqu'il s'agit de centimes additionnels et de chiffres, les dépenses, de 1815 à 1831, se sont élevées : dans la Charente, de 45 232 fr, à 92 454 ; — dans les Landes, de 38 881 à 74 553 fr ; — dans le Lot-Et-Garonne, de 66 579 fr à 116 986 ; — dans la Loire, de 50 079 à 83 492 fr. — ainsi du reste de la France. En 1825, les conseils généraux votent pour 5 915 744 fr d'allocations, et à la fin de l'année, le déficit constaté est de 230 418 francs. Pour comble de malheur, le régime hygiénique des hospices s'améliore de jour en jour ! Les progrès de l'hygiène devenant une calamité ! Quel état social, grand dieu ! Que faire donc, encore une fois ? On a imaginé de réduire toute mère qui irait déposer son enfant dans l'hospice à l'humiliante obligation de prendre uncommissaire de police pour confesseur. Belle invention, vraiment ! Que peut donc gagner la société à ce que les femmes s'accoutument à ne plus rougir ! Quand toute imprudence de jeunesse aura obtenu son visa, ou que tout acte de libertinage aura pris son passavant, qu'arrivera-t-il ? Que le frein établi par la nécessité de cette confession douloureuse sera bientôt brisé par l'habitude ; que les femmes feront ainsi leur éducation d'effronterie, et qu'après avoir consacré l'oubli de la chasteté, l'autorité publique aura scellé de son sceau la violation de toutes les lois de la pudeur ! Mieux vaudrait presque supprimer les tours ; c'est ce que beaucoup osent demander. Vœu impie ! Ah ! Vous trouvez que le chiffre des centimes additionnels grossit, c'est possible ; mais nous ne voulons pas, nous, que le nombre des infanticides augmente. La charge qui pèse sur vos budgets vous épouvante ! Mais nous disons, nous, que puisque les filles du peuple ne trouvent pas dans leur salaire de quoi vivre, il est juste que ce que vous gagnez d'un côté, vous le perdiez fatalement de l'autre. Mais la famille s'en va de la sorte ? Eh ! Sans doute. Avisez donc à ce que le travail soit réorganisé. Car : avec la concurrence, l'extrême misère ; avec l'extrême misère, la dissolution de la famille. Chose singulière ! Les partisans de ce régime tremblent devant l'ombre d'une innovation,

---

1 *Philosophie du Budget,* par M. Edelestand Duméril.

et ils ne s'aperçoivent pas que le maintien de ce régime les pousse par une pente naturelle et irrésistible à la plus audacieuse des innovations modernes, au saint-simonisme !

Un des résultats les plus hideux du système industriel que nous combattons est l'entassement des enfants dans les fabriques. En France, lisons-nous dans une pétition adressée aux chambres par des philanthropes de Mulhouse, on admet dans les filatures de coton et dans les autres établissements industriels des enfants de tout âge ; nous y avons vu des enfants de *cinq* et de *six* ans. Le nombre d'heures de travail est le même pour tous, grands et petits ; on ne travaille jamais moins de treize heures et demie par jour dans les filatures, sauf les cas de crise commerciale.

« Traversez une ville d'industrie à cinq heures du matin et regardez la population qui se presse à l'entrée des filatures ! Vous verrez de malheureux enfants, pâles, chétifs, rabougris, à l'œil terne, aux joues livides, ayant peine à respirer, marchant le dos voûté comme des vieillards. Écoutez les entretiens de ces enfants : leur voix est rauque, sourde et comme voilée par les miasmes impurs qu'ils respirent dans les établissements cotonniers. »

Plût à dieu que cette description fût exagérée ! Mais les faits qu'elle signale s'appuient sur des observations consignées dans des pièces officielles et recueillies par des hommes graves. Les preuves, d'ailleurs, ne sont que trop convaincantes, M Charles Dupin disait dernièrement à la chambre des pairs que, sur 10 000 jeunes gens appelés à supporter les fatigues de la guerre, les dix départements les plus manufacturiers de France en présentaient 8 980 infirmes ou difformes, tandis que les départements agricoles n'en présentaient que 4 029. En 1837, pour avoir 100 hommes valides, il fallut en repousser 170 à Rouen, 157 à Nîmes, 168 à Elbeuf, 100 à Mulhouse.[1] Et ce sont bien là les effets naturels de la concurrence. En appauvrissant outre mesure l'ouvrier, elle le force à chercher dans la paternité un supplément de salaire. Aussi, partout où la concurrence a régné, elle a rendu nécessaire l'emploi des enfants dans les manufactures. En Angleterre, par exemple, les ateliers se composent en grande partie d'enfants : le *Monthly Review*, cité par M D'Haussez, porte à 1078 le nombre des travailleurs qui, dans les manufactures de Dundee, n'ont pas atteint leur 18e année ; la majorité est au-dessous de 14 ans ; une grande partie au-dessous de 12 ; quelques-uns au-dessous

---

1 Voir la statistique précitée.

de 9 ; il y en a enfin qui n'ont que 6 ou 7 ans. Or, on peut juger d'après l'*Ausland*, cité par M Edelestand Duméril, des effets de cet affreux système d'impôt établi sur l'enfance : parmi 700 enfants des deux sexes, pris au hasard à Manchester, on a trouvé :

Sur les 350 qui n'étaient pas employés dans les fabriques, 21 malades, 88 d'une santé faible, 241 parfaitement bien portants.

Sur les 350 qui y étaient employés, 75 malades, 154 d'une santé faible, 143 seulement d'une bonne santé.

C'est donc un régime homicide que celui qui force les pères à exploiter leurs propres enfants. Et au point de vue moral, qu'imaginer de plus désastreux que cet accouplement des sexes dans les fabriques ? C'est l'inoculation du vice à l'enfance. Comment lire sans horreur ce que dit le docteur Cumins de ces malades de onze ans qu'il a traités dans un hôpital de maladies syphilitiques ? Et quelle conclusion tirer de ce fait qu'en Angleterre l'âge moyen dans les maisons de refuge est dix-huit ans ?

M. Lorain, professeur au collége Louis-Le-Grand, a composé un rapport tristement curieux sur l'état de toutes les écoles primaires du royaume. Après avoir longuement énuméré les odieuses victoires de l'industrie sur l'éducation et leur influence sur la moralité des enfants, il ajoute que la France commence à être infectée des mêmes usages qui ont pris racine en Angleterre, où il a été constaté, par un tableau du *Journal Of Education*, qu'en quatre jours, quatorze cent quatorze enfants avaient fréquenté quatorze boutiques de rogomistes. Et comment, sans une réorganisation du travail, arrêter ce dépérissement rapide du peuple ? Par les lois qui règlent l'emploi des enfants dans les manufactures ? C'est ce que l'on a tenté. Oui, telle est en France la philanthropie du législateur, que la chambre des pairs a, un jour, fixé a huit ans l'âge où l'enfant pourrait être dépersonnalisé par le service d'une machine. Suivant cette loi d'amour et de charité, l'enfant de huit ans ne serait plus astreint par jour qu'à un travail de douze heures. Ceci n'est qu'un plagiat du factory's bill. Quel plagiat ! Mais, après tout, il faudra l'appliquer, cette loi : est-elle, applicable ? Que répondra le législateur au malheureux père de famille qui lui dira : « J'ai des enfants de huit, de neuf ans : si vous abrégez leur travail, vous diminuez leur salaire. J'ai des enfants de six, de sept ans ; le pain me manque pour les nourrir : si vous me défendez de les employer, vous voulez donc que je les laisse mourir de faim ? » *Les pères ne voudront pas*, s'est-ou écrié.

Louis Blanc

Les forcer à *vouloir*, est-ce possible ! et sur quel droit, sur quel principe de justice s'appuierait cette violence faite à la pauvreté ? On ne peut, sous ce régime-ci, respecter l'humanité dans l'enfant sans l'outrager audacieusement dans le père.

Ainsi, sans une réforme sociale, il n'y a pas ici de remède possible. Ainsi, le travail, sous l'empire du principe de concurrence, prépare à l'avenir une génération décrépite, estropiée, gangrenée, pourrie. Ô riches ! Qui donc ira mourir pour vous sur la frontière ? Il vous faut des soldats, pourtant !

Mais à cet anéantissement des facultés physiques et morales des fils du pauvre vient s'ajouter l'anéantissement de leurs facultés intellectuelles. Grâce aux termes impératifs de la loi, il y a bien un instituteur primaire dans chaque localité, mais les fonds nécessaires pour son entretien ont été partout votés avec une lésinerie honteuse. Ce n'est pas tout ; nous avons parcouru il n'y a pas longtemps les deux provinces les plus civilisées de France, et toutes les fois qu'il nous est arrivé de demander à un ouvrier pourquoi il n'envoyait pas ses enfants à l'école, il nous a répondu qu'il les envoyait à la fabrique. De sorte que nous avons pu vérifier par une expérience personnelle ce qui résulte de tous les témoignages, et ce que nous avions lu dans le rapport officiel d'un membre de l'Université, M. Lorain, dont voici les propres expressions : « Qu'une fabrique, une filature, une usine, viennent à s'ouvrir, vous pouvez fermer l'école. » Qu'est-ce donc qu'un ordre social où l'industrie est prise en flagrant délit de lutte contre l'éducation ? Et quelle peut être l'importance de l'école dans un tel ordre social ? Visitez les communes : ici ce sont des forçats libérés, des vagabonds, des aventuriers, qui s'érigent en instituteurs ; là ce sont des instituteurs affamés qui quittent la chaire pour la charrue, et n'enseignent que lorsqu'ils n'ont rien de mieux à faire ; presque partout les enfants sont entassés dans des salles humides, malsaines, et même dans des écuries, où ils profitent pendant l'hiver de la chaleur que leur communique le bétail. Il est des communes où le maître d'école fait sa classe dans une salle qui lui sert à la fois de cuisine, de salle à manger et de chambre à coucher. Quand les fils du pauvre reçoivent une éducation, telle est celle qu'ils reçoivent : ce sont les plus favorisés, ceux-là. Et ces détails, encore une fois, ce sont des *rapports officiels* qui les donnent. À quoi songent donc les publicistes qui prétendent qu'il faut instruire le peuple, que sans cela rien n'est possible en fait d'améliorations, que c'est par là qu'il faut commencer ? La réponse est bien simple : quand le pauvre est appelé à se décider entre l'école et la fabrique, son choix ne saurait être un instant douteux. La fabrique a, pour obtenir la préférence, un moyen décisif : dans l'école on instruit l'enfant, mais dans la fabrique on le paie. Donc, sous le régime de la concurrence, après avoir pris les fils du pauvre à quelques pas de leur berceau, on étouffe leur intelligence en même temps qu'on déprave leur cœur, en même temps qu'on détruit leur corps. Triple impiété ! Triple homicide !

Encore un peu de patience, lecteur ! Je touche au terme de cette démonstration lamentable. S'il est un fait incontestable, c'est que l'accroissement de la population est beaucoup plus rapide dans la classe pauvre que dans la classe riche. D'après la *Statistique de la civilisation européenne*, les naissances, à Paris, ne sont que du $1/32^e$ de la population dans les quartiers les plus aisés ; dans les autres, elles s'élèvent au $1/26^e$. Cette disproportion est un fait général, et M. De Sismondi, dans son ouvrage sur l'économie politique, l'a très bien expliqué en l'attribuant à l'impossibilité où les journaliers se trouvent d'espérer et de prévoir. Celui-là seul peut mesurer le nombre de ses enfants à la quotité de son revenu qui se sent maître du lendemain ; mais quiconque vit au jour le jour, subit le joug d'une fatalité mystérieuse à laquelle il voue sa race, parce qu'il y a été voué lui-même. Les hospices sont là, d'ailleurs, menaçant la société d'une véritable inondation de mendiants. Quel moyen d'échapper à un tel fléau ?

Encore si les pestes étaient plus fréquentes ! Ou si la paix durait moins longtemps ! Car, dans l'ordre social actuel, la destruction dispense des autres remèdes ! Mais les guerres tendent à devenir de plus en plus rares ; le choléra se fait désirer : que devenir ? Et, après un temps donné, que ferons-nous de nos pauvres ? Il est clair, cependant, que toute société où la quantité des subsistances croît moins vite que le nombre des hommes est une société penchée sur l'abîme. Or, cette situation est celle de la France. M Rubichon, dans son livre intitulé : *Mécanisme social*, a prouvé jusqu'à l'évidence cette effrayante vérité.

Il est vrai que la pauvreté tue. D'après le docteur Villermé, sur vingt mille individus nés à la même époque, dix mille dans les départements riches, dix mille dans les départements pauvres, la mort, avant quarante ans, frappe cinquante-quatre individus sur cent dans les premiers, soixante-deux sur cent dans les seconds. À quatre-vingt-dix ans, le nombre de ceux qui vivent encore est, sur dix mille, de quatre-vingt-deux dans les départements riches, et dans les départements pauvres, de cinquante-trois seulement.

Vain remède que ce remède affreux de la mortalité ! Toute proportion gardée, la misère fait naître beaucoup plus de malheureux qu'elle n'en moissonne. Encore une fois, quel parti prendre ! Les spartiates tuaient leurs esclaves. Galère fit noyer les mendiants. En France, diverses ordonnances rendues dans le cours du XVIe siècle ont porté contre eux la peine de lapotence.[1] Entre ces divers genres de châtiments équitables, on peut choisir.

Pourquoi n'adopterions-nous pas les doctrines de Malthus ? Mais non, Malthus a manqué de logique : il n'a pas poussé jusqu'au bout son système.

Nous en tiendrons nous aux théories du *Livre du meurtre*, publié en Angleterre au mois de février 1839, ou bien à cet écrit de Marcus, où l'on propose d'asphyxier tous les enfants des classes ouvrières, passé le troisième, sauf à récompenser les mères de cet acte de patriotisme ? Vous riez ? Mais le livre a été écrit sérieusement par un publiciste-philosophe ; il a été commenté, discuté par les plus graves écrivains de l'Angleterre ; il a été enfin repoussé avec indignation comme une chose atroce et pas du tout risible. Le fait est qu'elle n'avait pas le droit de rire de ces sanguinaires folies, cette Angleterre qui s'est vue acculée par le principe de concurrence à la taxe des pauvres, autre colossale extravagance.

Nous livrons à la méditation de nos lecteurs les chiffres suivants, extraits de l'ouvrage de E Bulwer : *England And The English* :

Le journalier indépendant ne peut se procurer avec son salaire que 122 onces de nourriture par semaine, dont 13 onces de viande.

Le pauvre VALIDE, à la charge de la paroisse, reçoit 151 onces de nourriture par semaine, dont 21 onces de viande.

Le criminel reçoit 239 onces de nourriture par semaine, dont 38 onces de viande.

Ce qui veut dire qu'en Angleterre la condition matérielle du criminel est meilleure que celle du pauvre nourri par la paroisse, et celle du pauvre, nourri par la paroisse, meilleure que celle de l'honnête homme qui travaille. Cela est monstrueux, n'est-ce pas ? Eh bien, cela est

1 Voir les auteurs cités par M. Edestand Duméril, dans sa *Philosophie du Budget*, t. Ier, p. 11.

PREMIÈRE PARTIE

nécessaire. L'Angleterre a des travailleurs, mais moins de travailleurs que d'habitants. Or, comme entre nourrir les pauvres et les tuer il n'y a pas de milieu, les législateurs anglais ont pris le premier de ces deux partis ; ils n'ont pas eu autant de courage que l'empereur Galère : voilà tout. Reste à savoir si les législateurs français envisagent de sang-froid ces abominables conséquences du régime industriel qu'ils ont emprunté à l'Angleterre !

La concurrence produit la misère : c'est un fait prouvé par des chiffres.

La misère est horriblement prolifique : c'est un fait prouvé par des chiffres.

La fécondité du pauvre jette dans la société des malheureux qui ont besoin de travailler et ne trouvent pas de travail : c'est un fait prouvé par des chiffres.

Arrivée là, une société n'a plus qu'à choisir entre tuer les pauvres ou les nourrir gratuitement : atrocité ou folie.

III
LA CONCURRENCE EST UNE CAUSE DE RUINE POUR LA BOURGEOISIE.

Je pourrais m'arrêter ici. Une société semblable à celle que je viens de décrire est en gestation de guerre civile. C'est bien en vain que la bourgeoisie se féliciterait de ne point porter l'anarchie dans son sein, si l'anarchie est sous ses pieds. Mais la domination bourgeoise, même abstraction faite de ce qui devrait lui servir de base, ne renferme-t-elle pas en elle-même tous les éléments d'une prochaine et inévitable dissolution ?

Le *bon marché*, voilà le grand mot dans lequel se résument, selon les économistes de l'école des Smith et des Say, tous les bienfaits de la concurrence illimitée. Mais pourquoi s'obstiner à n'envisager les résultats du *bon marché* que relativement au bénéfice momentané que le consommateur en retire ? Le *bon marché* ne profite à ceux qui consomment qu'en jetant parmi ceux qui produisent les germes de la plus ruineuse anarchie. Le *bon marché*, c'est la massue avec laquelle les riches producteurs écrasent les producteurs peu aisés. Le *bon marché*, c'est le guet-apens dans lequel les spéculateurs hardis font tomber les hommes laborieux. Le *bon marché*, c'est l'arrêt de mort du fabricant qui

Louis Blanc

ne peut faire les avances d'une machine coûteuse que ses rivaux, plus riches, sont en état de se procurer. Le *bon marché*, c'est l'exécuteur des hautes œuvres du monopole ; c'est la pompe aspirante de la moyenne industrie, du moyen commerce, de la moyenne propriété ; c'est, en un mot, l'anéantissement de la bourgeoisie au profit de quelques oligarques industriels.

Serait-ce que le *bon marché* doive être maudit, considéré en lui-même ? Nul n'oserait soutenir une telle absurdité. Mais c'est le propre des mauvais principes de changer le bien en mal et de corrompre toute chose. Dans le système de la concurrence, le *bon marché* n'est qu'un bienfait provisoire et hypocrite. Il se maintient tant qu'il y a lutte : aussitôt que le plus riche a mis hors de combat tous ses rivaux, les prix remontent. La concurrence conduit au monopole : par la même raison, le *bon marché* conduit à l'exagération des prix. Ainsi, ce qui a été une arme de guerre parmi les producteurs, devient tôt ou tard pour les consommateurs eux-mêmes une cause de pauvreté. Que si à cette cause on ajoute toutes celles que nous avons déjà énumérées, et en première ligne l'accroissement désordonné de la population, il faudra bien reconnaître comme un fait né directement de la concurrence, l'appauvrissement de la masse des consommateurs.

Mais, d'un autre côté, cette concurrence, qui tend à tarir les sources de la consommation, pousse la production à une activité dévorante. La confusion produite par l'antagonisme universel dérobe à chaque producteur la connaissance du marché. Il faut qu'il compte sur le hasard pour l'écoulement de ses produits, qu'il enfante dans les ténèbres. Pourquoi se modérerait-il, surtout lorsqu'il lui est permis de rejeter ses pertes sur le salaire si éminemment élastique de l'ouvrier ? Il n'est pas jusqu'à ceux qui produisent à perte qui ne continuent à produire, parce qu'ils ne veulent pas laisser périr la valeur de leurs machines, de leurs outils, de leurs matières premières, de leurs constructions, de ce qui leur reste encore de clientèle, et parce que l'industrie, sous l'empire du principe de concurrence, n'étant plus qu'un jeu de hasard, le joueur ne veut pas renoncer au bénéfice possible de quelque heureux coup de dé.

Donc, et nous ne saurions trop insister sur ce résultat, la concurrence force la production à s'accroître et la consommation à décroître ; donc elle va précisément contre le but de la science économique ; donc elle est tout à la fois oppression et démence.

Quand la bourgeoisie s'armait contre les vieilles puissances qui ont fini par crouler sous ses coups, elle les déclarait frappées de stupeur et de vertige. Eh bien, elle en est là aujourd'hui ; car elle ne s'aperçoit pas que tout son sang coule, et la voilà qui de ses propres mains est occupée à se déchirer les entrailles.

Oui, le système actuel menace la propriété de la classe moyenne, tout en portant une cruelle atteinte à l'existence des classes pauvres.

Qui n'a lu le procès auquel a donné lieu la lutte des Messageries françaises contre les Messageries royales associées aux Messageries Laffitte et Caillard ? Quel procès ! Comme il a bien mis à nu toutes les infirmités de notre état social ! Il est passé pourtant presque inaperçu. On lui a accordé moins d'attention qu'on n'en accorde tous les jours à une partie d'échecs parlementaire. Mais ce qu'il y a eu d'étonnant, d'inconcevable dans ce procès, c'est qu'on n'ait pas su en tirer une conclusion qui se présentait tout naturellement. De quoi s'agissait-il ? Deux compagnies étaient accusées de s'être liguées pour en écraser une troisième. Là-dessus, grand bruit. La loi avait été violée, cette loi protectrice qui n'admet pas les coalitions, afin d'empêcher l'oppression du plus faible par le plus fort ! Comment ! La loi défend à celui qui a cent mille francs de se liguer avec celui qui en a cent mille contre celui qui en a tout autant, parce que ce serait consacrer l'inévitable ruine du dernier, et la même loi permet au possesseur de deux cent mille francs de lutter contre celui qui n'en a que cent mille ! Mais quelle est donc la différence du second cas au premier ? Ici et là, n'est-ce pas toujours un capital plus gros luttant contre un capital moindre ? N'est-ce pas toujours le fort luttant contre le faible ? N'est-ce pas toujours un combat odieux, par cela seul qu'il est inégal ? Un des avocats plaidant dans cette cause célèbre a dit : « il est permis à chacun de se ruiner pour ruiner autrui. » il disait vrai dans l'état présent des choses, et on a trouvé cela tout simple. IL EST PERMIS À CHACUN DE SE RUINER POUR RUINER AUTRUI !

Que prétendent et qu'espèrent les publicistes du régime actuel, lorsqu'à demi convaincus de l'imminence du péril, ils s'écrient, comme faisaient dernièrement *le constitutionnel* et *le courrier français* :

« Le seul remède est d'aller jusqu'au bout dans ce système ; de détruire tout ce qui s'oppose à son entier développement ; de compléter enfin la libertéabsolue de l'industrie par la liberté absolue du commerce. » Quoi ! C'est là un remède ? Quoi ! Le seul moyen d'empêcher les malheurs de la guerre, c'est d'agrandir le champ de bataille ? Quoi ! Ce n'est pas assez des industries qui s'entre-dévorent au-dedans, il faut à cette anarchie ajouter les incalculables complications d'une subversion nouvelle ? On veut nous conduire au chaos.

Nous ne saurions comprendre non plus ceux qui ont imaginé je ne sais quel mystérieux accouplement des deux principes opposés. Greffer l'association sur la concurrence est une pauvre idée : c'est remplacer les eunuques par les hermaphrodites. L'association ne constitue un progrès qu'à la condition d'être universelle. Nous avons vu, dans ces dernières années, s'établir une foule de sociétés en commandite. Qui ne sait les scandales de leur histoire ? Que ce soit un individu qui lutte contre un individu, ou une association contre une association, c'est toujours la guerre, et le règne de la violence. Qu'est-ce, d'ailleurs, que l'association des capitalistes entre eux ? Voici des travailleurs non capitalistes : qu'en faites-vous ? Vous les repoussez comme associés : est-ce que vous les voulez pour ennemis ?

Dira-t-on que l'extrême concentration des propriétés mobilières est combattue, tempérée par le principe du morcellement des héritages, et que la puissance bourgeoise, si elle se décompose par l'industrie, se recompose par l'agriculture ? Erreur ! L'excessive division des propriétés territoriales doit nous ramener, si on n'y prend garde, à la reconstitution de la grande propriété. On chercherait vainement à le nier : le morcellement du sol c'est la petite culture, c'est-à-dire la bêche substituée à la charrue, c'est-à-dire la routine substituée à la science. Le morcellement du sol éloigne de l'agriculture, et l'application des machines, et celle du capital. Sans machines, pas de progrès ; sans capital, pas de bestiaux. Et dès lors, comment les petites exploitations pourraient-elles soutenir la concurrence des grandes et n'être pas absorbées ? Ce résultat ne s'est pas produit encore, parce que la dissection du sol n'a pas encore atteint ses dernières limites. Mais patience ! En attendant, que voyons-nous ? Tout petit propriétaire est journalier. Maître chez lui pendant deux jours de la semaine, il est serf du voisin le reste du temps. Il s'approche même d'autant plus du servage qu'il ajoute davantage à sa propriété. Voici, en effet, comment les choses se passent : tel cultivateur qui ne possède en propre que quelques méchants arpents de terrain, qui lui rapportent, cultivés par lui-même, quatre pour cent tout au plus, ne craint pas, quand l'occasion s'en présente, d'arrondir sa propriété. Il le fait en empruntant à dix, quinze, vingt pour cent. Car, si le crédit manque dans les campagnes, l'usure, en revanche, n'y manque pas. On devine les suites ! Treize milliards, voilà de quelle dette la propriété foncière est chargée en France. Ce qui signifie qu'à côté de quelques financiers qui se rendent maîtres de l'industrie, s'élèvent quelques usuriers qui se rendent maîtres du sol. De sorte que la bourgeoisie marche à sa dissolution et dans les villes et dans les campagnes. Tout la menace, tout la mine, tout la ruine.

Je n'ai rien dit, pour éviter les lieux communs et les vérités devenues déclamatoires à force d'être vraies, de l'effroyable pourriture morale que l'industrie, organisée ou plutôt désorganisée comme elle l'est aujourd'hui, a déposée au sein de la bourgeoisie. Tout est devenu vénal, et la concurrence a envahi jusqu'au domaine de la pensée.

Ainsi, les fabriques écrasant les métiers ; les magasins somptueux absorbant les magasins modestes ; l'artisan qui s'appartient remplacé par le journalier qui ne s'appartient pas ; l'exploitation par la charrue dominant l'exploitation par la bêche, et faisant passer le champ du pauvre sous la suzeraineté honteuse de l'usurier ; les faillites se multipliant ; l'industrie transformée par l'extension mal réglée du crédit en un jeu où le gain de la partie n'est assuré à personne, pas même au fripon ; et enfin, ce vaste désordre, si propre à éveiller dans l'âme de chacun la jalousie, la défiance, la haine, éteignant peu à peu toutes les aspirations généreuses et tarissant toutes les sources de la foi, du dévouement, de la poésie… voilà le hideux et trop véridique tableau des résultats produits par l'application du principe de concurrence.

Et puisque c'est aux anglais que nous avons emprunté ce déplorable système, voyons un peu ce qu'il a fait pour la gloire et la prospérité de l'Angleterre.

IV

LA CONCURRENCE CONDAMNÉE PAR L'EXEMPLE DE L'ANGLETERRE.

Le capital et le travail, ont dit les anglais, sont deux puissances naturellement ennemies : comment les forcer à vivre côte à côte et à se prêter un mutuel secours ? Il n'est qu'un moyen pour cela : que la main-d'œuvre ne fasse jamais défaut à l'ouvrier ; que le maître, de son côté, trouve dans le facile écoulement des produits de quoi rétribuer convenablement la main-d'œuvre : le problème ne sera-t-il pas résolu ? Quand la production sera devenue infiniment active, et la consommation infiniment élastique, qui donc aura le droit ou la tentation de se plaindre ? Le salaire des uns sera toujours suffisant, le bénéfice des autres toujours considérable. Ouvrons donc à l'activité humaine les portes de l'infini, et que rien ne la gêne dans la fougue de son essor. Proclamons le *laissez-faire* hardiment et sans arrière-pensée. Les productions de l'Angleterre sont trop uniformes pour fournir au commerce une longue carrière ? Eh bien, nous formerons des matelots et nous construirons des navires qui nous puissent livrer le commerce du monde. Nous habitons une île ? Eh bien, nous prendrons à l'abordage tous les continents. Le nombre des matières premières qu'offre notre agriculture est trop circonscrit ? Eh bien, nous irons chercher aux extrémités de la terre des matières à manufacturer. Tous les peuples deviendront consommateurs des produits de l'Angleterre, qui travaillera pour tous les peuples. Produire, toujours produire, et solliciter par tous les moyens les autres nations à consommer, c'est à cette œuvre que s'emploiera la force de l'Angleterre ; c'est là ce qui fera sa richesse et développera le génie de ses enfants.

Plan gigantesque ! plan presque aussi égoïste qu'absurde, et que, depuis près de deux siècles, l'Angleterre a suivi avec une incroyable persévérance ! Oh ! Certes, être enfermé dans une île petite, peu féconde, brumeuse, et sortir de là un jour pour conquérir le globe, non plus avec des soldats, mais avec des marchands ; lancer des milliers de vaisseaux vers l'orient et l'occident, vers le nord et le midi ; enseigner à cent contrées la jouissance de leurs propres trésors ; vendre à l'Amérique les productions de l'Europe et à l'Europe les riches productions de l'Inde ; faire vivre toutes les nations de son existence, et en quelque sorte les attacher à sa ceinture par les innombrables liens d'un commerce universel ; trouver dans l'or une puissance capable de balancer celle du glaive, et dans Pitt un homme capable de faire hésiter l'audace de Napoléon, il y a dans tout cela un caractère de grandeur qui éblouit l'esprit et l'étonne.

Mais aussi, pour atteindre son but, que n'a point tenté l'Angleterre ! Jusqu'où n'a-t-elle pas poussé la rapacité de ses espérances et le délire de ses prétentions ! Faut-il rappeler comment elle s'est emparé d'Issequibo et de Surinam, de Ceylan et de Demerary, de Tabago et de Sainte-Lucie, de Malte et de Corfou, enveloppant le monde dans l'immense réseau de ses colonies ? On sait de quelle manière elle s'est établie à Lisbonne depuis le traité de Méthuen, et par quel abus de la force elle a élevé dans les Indes sa tyrannie marchande, à côté de la domination hollandaise, mêlée aux débris de l'édifice colonial bâti par Vasco de Gama et Albuquerque. Nul n'ignore enfin le mal que son avidité a fait à la France, et par quelle guerre de sourdes menées, d'instigations perfides, elle est parvenue à renverser dans le sang les établissements espagnols de l'Amérique méridionale. Et que dire des violences qui lui ont pendant si longtemps assuré l'empire des mers ? A-t-elle jamais respecté ou même reconnu les droits des neutres ? Le droit de blocus n'est-il pas devenu, exercé par elle, la plus arrogante des tyrannies ? Et n'a-t-elle pas fait du droit de visite le plus odieux de tous les brigandages ? Et tout cela, pourquoi ? Pour avoir, nous le répétons, des matières premières à manufacturer et des consommateurs à servir.

Cette pensée a été si bien la pensée dominante de l'Angleterre depuis deux siècles, qu'on l'a vue sans cesse décourager dans ses colonies la culture des objets de subsistance, tels que le riz, le sucre, le café, tandis qu'elle donnait une impulsion fébrile à celle du coton et de la soie. Mais quoi ! Pendant qu'elle frappait de droits exorbitants et, si l'on peut ainsi parler, homicides, l'importation des subsistances, elle ouvrait presque librement ses ports à toutes les matières premières ; anomalie monstrueuse qui a fait dire à M. Rubichon : « De toutes les nations du monde, la nation anglaise est celle qui a le plus travaillé et le plus jeûné. »

Là devait conduire, en effet, cette économie politique sans entrailles dont Ricardo a si complaisamment posé les prémisses, et dont Malthus a tiré avec tant de sang-froid l'horrible conclusion.

Cette économie politique portait en elle-même un vice qui devait la rendre fatale à l'Angleterre et au monde. Elle posait en principe que tout se borne à trouver des consommateurs ; il aurait fallu ajouter : des consommateurs qui payent. À quoi sert d'éveiller le désir si on ne fournit point la faculté de le satisfaire ? N'était-il pas aisé de prévoir qu'en substituant son activité à celle des peuples qu'elle voulait pour consommateurs, l'Angleterre finirait par les ruiner, puisqu'elle tarissait pour eux la source de toute richesse, le travail ? En se faisant peuple producteur par excellence, les anglais pouvaient-ils espérer que leurs produits trouveraient longtemps des débouchés parmi les peuples *exclusivement* consommateurs ? Cette espérance était évidemment insensée. Un jour devait venir où les anglais périraient d'embonpoint en faisant périr les autres d'inanition. Un jour devait venir où les peuples consommateurs ne trouveraient plus matière à échanges : d'où résulteraient pour l'Angleterre l'encombrement des marchés, la ruine de nombreuses manufactures, la misère d'une foule d'ouvriers et l'ébranlement universel du crédit.

Pour savoir jusqu'où peut aller l'imprévoyance, la folie de la production, on n'a qu'à interroger l'histoire industrielle et commerciale de l'Angleterre. Tantôt ce sont des négociants anglais apportant au Brésil, où l'on n'a jamais vu de glace, des cargaisons de patins;[1] tantôt c'est Manchester envoyant, dans une seule semaine, à Rio-Janeiro,[2] plus de marchandises qu'on n'y en avait consommé pendant les vingt dernières années. Toujours la production exagérant ses ressources, épuisant son énergie, sans tenir compte des moyens possibles de consommation !

Mais, encore une fois, amener une nation à se décharger sur autrui du soin de mettre en œuvre les éléments de travail qu'elle possède, c'est lui enlever peu à peu son capital, c'est l'appauvrir ; c'est la rendre par conséquent de plus en plus impropre à la consommation, puisqu'on ne consomme que ce qu'on est en état de payer. L'appauvrissement général des peuples dont elle avait besoin pour consommer ses produits, voilà le cercle vicieux dans lequel l'Angleterre tourne depuis deux siècles ; voilà le vice, le vice profond, irrémédiable, de son système. Ainsi (et nous insistons sur ce point de vue, parce qu'il est de la plus haute importance), elle s'est placée dans cette situation étrange, et presque unique dans l'histoire, de trouver deux causes de ruine également actives et dans le travail des peuples et dans leur inertie : dans leur travail, qui lui crée des concurrents qu'elle ne saurait toujours vaincre ; dans leur inertie, qui lui enlève des consommateurs dont elle ne saurait se passer.

C'est ce qui est arrivé déjà sur une petite échelle, et doit inévitablement arriver sur une échelle plus grande. Que de pertes l'Angleterre n'a-t-elle pas éprouvées par ce seul fait que ses produit s'étaient accrus dans une proportion que n'avaient pu atteindre les objets contre lesquels ils devaient s'échanger ? Combien de fois l'Angleterre n'a-t-elle pas produit d'après des prévisions dont l'événement est venu cruellement châtier l'extravagance ? On n'a pu oublier de sitôt la grande crise qui servit de dénoûment aux intrigues des anglais dans les contrées qui s'étendent du Mexique au Paraguay. À peine la nouvelle était-elle arrivée en

1 Mawe. *Travels in Brazils.*

2 Ibid.

Angleterre que l'Amérique méridionale présentait un champ libre aux aventuriers de l'industrie, qu'aussitôt tous les cœurs battirent de joie et toutes les têtes s'exaltèrent. Ce fut un délire universel. Jamais la production n'avait eu en Angleterre un tel accès de frénésie. À entendre les spéculateurs, il ne s'agissait que de quelques jours et de quelques vaisseaux pour transporter dans la Grande-Bretagne les immenses trésors que renfermait l'Amérique. La confiance était si grande, que les banques se hâtèrent de battre monnaie avec les espérances du premier venu. Et de ce grand mouvement que résulta-t-il ? On avait calculé sur tout, excepté sur l'existence des objets d'échange et la facilité de leur transmission. L'Amérique garda son or, qu'on ne put extraire de ses mines ; le pays, qui avait été mis à feu et à sang, n'eut à donner, en échange des marchandises qu'on lui apportait, ni son coton, ni son indigo. Ce que cette grande mystification coûta aux anglais de millions et de larmes, les anglais le savent, et l'Europe aussi !

Et qu'on ne dise pas que nous concluons de l'exception à la règle. Le vice que nous avons signalé a enfanté tous les maux qu'il portait en lui. Car, tandis que l'Angleterre, au dehors, s'épuisait en efforts à peine croyables pour rendre l'univers entier tributaire de son industrie, quel spectacle son histoire intérieure offrait-elle à l'observateur attentif ? Les ateliers succédant aux ateliers ; l'invention du lendemain succédant à l'invention de la veille ; les fourneaux du nord ruinés par ceux de l'ouest ; la population ouvrière s'accroissant hors de toute mesure sous les mille excitations de la concurrence illimitée ; le nombre des bœufs, qui servent à la nourriture de l'homme, restant bien loin de celui des chevaux, que l'homme est obligé de nourrir ; le pain de l'aumône remplaçant peu à peu celui du travail ; la taxe des pauvres introduite et faisant pulluler la pauvreté ; l'Angleterre, enfin, présentant au monde surpris et indigné le spectacle de l'extrême misère couvée sous l'aile de l'extrême opulence : tels sont les résultats que devait donner la politique qui était partie de ce principe d'égoïsme national : il faut que l'Angleterre cherche partout et à tout prix des consommateurs.

Et pour les obtenir, ces désastreux résultats, combien n'a-t-il pas fallu que l'Angleterre commît d'injustices, encourageât de trahisons, semât de discordes, fomentât de guerres, salariât de coalitions iniques et combattît de glorieuses idées !

Mais je n'irai pas plus loin, je n'achèverai pas cette histoire lugubre, afin que personne ne m'accuse d'avoir voulu insulter à cette forte et

Louis Blanc

vieille race des anglais. Non, je ne veux ni ne puis oublier, malgré tout le mal qu'elle a fait au monde et à mon pays, que l'Angleterre peut, elle aussi, réclamer dans l'histoire des peuples quelques pages immortelles ; que l'Angleterre a été visitée par la liberté avant tous les peuples de l'Europe ; que ses lois, même sous le joug d'une aristocratie écrasante, ont rendu à la dignité humaine d'étonnants et solennels hommages ; que c'est de son sein qu'est sorti le cri le plus sauvage, mais le plus puissant, qui se soit élevé contre la tyrannie du papisme unie à celle de l'inquisition ; qu'aujourd'hui même, c'est la seule contrée que les fureurs de la politique n'aient point rendue inhospitalière, et mortelle pour les faibles. Car enfin, c'est là que vous avez trouvé asile, ô pauvres et nobles proscrits, athlètes invaincus mais blessés ; c'est là que vous avez rassemblé les débris de notre fortune ; c'est là que vous avez joui de votre part de la vie de l'intelligence et du cœur, seul bien que vous ait laissé, dans votre grand désastre, la colère de vos ennemis ; et c'est de là aussi que vous nous suiviez de la pensée, nous, presque aussi malheureux, presque aussi exilés que vous ; puisque nous avons pu un moment chercher autour de nous notre patrie, vivant pourtant au milieu d'elle, mais la voyant, hélas ! si abaissée, que nous ne pouvions plus la reconnaître !

L'expiation, du reste, a été complète pour l'Angleterre. Il est, a dit un moderne publiciste, il est un code pénal pour les peuples comme pour les individus. Cette vérité a été bien douloureusement prouvée par l'histoire de l'Angleterre. Où en est aujourd'hui sa puissance ? L'empire de la mer lui échappe. Ses possessions indiennes sont menacées. Naguère encore, des lords anglais tenaient presque l'étrier du vainqueur de Toulouse, qu'ils n'osaient plus appeler un vaincu de Waterloo !

Et cette aristocratie anglaise, la plus robuste, la plus splendide aristocratie du monde, qu'est-elle devenue ? Cherchons bien ses chefs. Est-ce Lord Lyndhurst, ce fils d'un peintre obscur ? Ou Sir Robert Peel, ce fils d'un fabricant de coton créé baronnet par Pitt ? Ou Lord Wellington, ce caduc représentant de la race irlandaise des Wellesley ? Voilà les chefs de l'aristocratie anglaise ; voilà ceux qui la guident, la gouvernent, la personnifient. Et ces hommes ne sont pas du même sang qu'elle !

Un jour, le marquis de Westminster s'écriait dans la chambre des lords : « On a dit que nous pourrions faire le sacrifice du cinquième de nos revenus, nous possesseurs du sol de la Grande-Bretagne. Ceux qui ont dit cela ignorent-ils que les quatre autres cinquièmes appartiennent à nos créanciers ? »

L'exagération de ces paroles est manifeste. Il est malheureusement trop vrai que l'inaliénabilité des fiefs, en Angleterre, met à l'abri de toute poursuite la majeure partie des revenus de la noblesse, et ces revenus sont immenses. Si, comme cela paraît certain, ils s'élèvent à cent trente-cinq millions pour les cinq cents familles des pairs d'Angleterre, et à un milliard trois cent millions pour les quatre cent mille personnes dont se composent les familles des baronnets, des chevaliers, la gentilhommerie enfin, il faut avouer que la noblesse britannique a pris une assez belle part des dépouilles du globe ! Mais on a vu quelle grande menace est suspendue sur le commerce anglais. Or, l'aristocratie se trouve commanditaire de toutes les industries, et l'on peut prédire que son châtiment matériel ne tardera pas à commencer.

Quant à son châtiment moral, il ne pouvait être plus cruel. Les richesses de tous ces grands seigneurs les livrent en proie à je ne sais quelle vague mélancolie, maladie que Dieu envoie aux grands de la terre pour les courber, eux aussi, sous le niveau de la douleur, la douleur, cette imposante et terrible leçon d'égalité ! Que trouvent-ils en effet, au milieu de leurs jouissances, ces lords orgueilleux ? Ils y trouvent l'amertume de la pensée et l'inquiétude éternelle du cœur. Alors il faut bien qu'ils fuient les brouillards de leur île, et qu'ils s'en aillent semer leur or dans tous les lieux du monde où ils l'ont dérobé, et où on les voit traîner le fardeau de leur opulence ennuyée.

Maintenant il s'agit de savoir si la France bourgeoise veut recommencer l'Angleterre. Il s'agit de savoir si, pour trouver à sa puissance industrielle des aliments toujours nouveaux, elle veut remplacer sur l'Océan l'odieuse domination du palais de Saint-Georges. Car c'est là qu'aboutit irrésistiblement, pour un grand peuple, la logique de la concurrence. Mais l'Angleterre ne se laissera pas enlever sans combat le sceptre des mers !

V

LA CONCURRENCE ABOUTIT NÉCESSAIREMENT À UNE GUERRE À
MORT ENTRE LA FRANCE ET L'ANGLETERRE.

Pour qu'entre deux peuples une alliance soit naturelle, il faut qu'ils apportent l'un et l'autre dans le contrat des avantages réciproques ; il faut donc qu'ils aient des ressources non communes, qu'ils diffèrent par leur constitution, par leur but. La France et l'Angleterre sont deux puissances qui demandent à vivre de la vie du dehors, à se répandre ; de là un premier obstacle à toute alliance durable. Lorsque devant Rome, qui s'étendait par la guerre, Carthage voulut s'étendre par le commerce, Rome et Carthage finirent par se rencontrer à travers le monde et s'entre-choquer.

Entre la France et l'Angleterre un conflit est inévitable, parce que la constitution économique des deux pays est aujourd'hui la même, et en fait deux nations essentiellement maritimes. Le principe qui domine notre ordre social n'est-il pas celui de la concurrence illimitée ? La concurrence illimitée n'a-t-elle point pour corollaire une production qui s'accroît sans cesse et à l'aventure ? Pour trouver à une production dont l'essor est si impétueux et si déréglé des débouchés toujours nouveaux, ne faut-il pas conquérir industriellement le monde et commander aux mers ?

Le jour où nous avons détruit les jurandes et les maîtrises, ce jour-là la question s'est trouvée tout naturellement posée de la sorte : il y a une nation de trop dans le monde ; il faut ou que la France change son état social, ou que l'Angleterre soit rayée de la carte. Ce jour-là, en effet, d'étranges complications s'ajoutèrent à cette longue rivalité qui, au XVe siècle, amenait un duc de Bedford à Paris et faisait fuir Charles VII à Bourges. En 1789, la France adopta toutes les traditions de l'économie politique anglaise ; elle devint un peuple industriel à la manière du peuple anglais. Lancée sur la pente rapide de la concurrence, elle s'imposa la nécessité d'aller partout établir des comptoirs, d'avoir des agents dans tous les ports. Mais disputer l'Océan à l'Angleterre, c'était vouloir lui arracher la vie. Elle l'a bien compris. De là les coalitions soldées par elle ; de là le blocus continental ; de là ce duel affreux entre Pitt et Napoléon. Mais, Pitt mort, Napoléon lentement assassiné, il fallait bien que la lutte recommençât. Il n'y aurait eu qu'un moyen de l'éviter : c'eût été de faire de la France une nation essentiellement agricole, l'Angleterre restant une nation industrielle. Voilà ce dont nos hommes d'État ne se sont pas même douté, et lorsque M. Thiers disait dernièrement à la tribune : « Il faut que la France se contente d'être la première des nations continentales, » M. Thiers prononçait un mot dont il ignorait certainement la portée.

PREMIÈRE PARTIE

Car si on lui avait crié : Vous voulez donc changer les bases de notre ordre social ? qu'aurait-il répondu ? Non, il ne pouvait y avoir place à la fois sur la mer, si vaste qu'elle soit, pour la France et pour l'Angleterre, régies par les mêmes lois économiques et animées par conséquent du même esprit. Cherchant l'une et l'autre à se répandre au dehors, et ne pouvant vivre qu'à cette condition, comment ne se seraient-elles pas à tout instant rencontrées et choquées ? Là est le nœud de la question. Aussi le motif pour lequel l'Angleterre a exclu la France du dernier traité est-il un motif tout commercial. Sur ce point, nul doute possible. Rien de plus clair que le langage du *Globe*, journal de Lord Palmerston. D'après ce journal, si Lord Palmerston a voulu courir tous les risques d'une rupture avec la France ; s'il a poussé le cabinet de Saint-James à profiter contre Méhémet-Ali des révoltes qui ont éclaté en Syrie, c'est qu'il a vu combien il importait à l'Angleterre de faire subir à ce pays son protectorat mercantile. Le plan de Lord Palmerston est bien simple : il regarde la Syrie comme la clef de l'orient ; il veut mettre cette clef dans les mains de l'Angleterre. *On ferait avec le divan un arrangement aux termes duquel les pachas ou vice-rois de Syrie agiraient en tout d'après les vues des représentants du gouvernement britannique.* Le ministre anglais, comme on voit, ne fait pas mystère de ses desseins. Ouvrir aux navires anglais trois routes qui les conduisent dans l'Inde : la première par la mer Rouge, la seconde par la Syrie et l'Euphrate, la troisième par la Syrie, la Perse et le Belouchistan ; tel est le résumé des espérances de l'Angleterre. On conçoit que pour les réaliser elle consente à livrer Constantinople aux russes. Ces trois routes vers l'Inde une fois ouvertes, elles se *couvriraient de marchés*, dit ingénument *le Globe*. Ainsi l'Angleterre d'aujourd'hui, c'est toujours la vieille Angleterre ! Aujourd'hui comme hier, comme toujours, il faut que cette race indomptable dans sa cupidité cherche et trouve des consommateurs. L'Angleterre a des articles de laine et de coton qui appellent des débouchés ? Vite, que l'orient soit conquis, afin que l'Angleterre soit chargée d'habiller l'orient. Humilier la France ? Il s'agit pour l'Angleterre de bien autre chose, vraiment ! Il s'agit pour elle de vivre ; et elle ne le peut, ainsi le veut sa constitution économique, qu'à la condition d'asservir le monde par ses marchands.

Mais ce qui est pour l'Angleterre une question de vie ou de mort, est aussi une question de vie ou de mort pour la France, si le principe de concurrence y est maintenu. Donc, la concurrence, c'est l'embrasement nécessaire du monde. Or, que la France tire l'épée pour la liberté des peuples, tous les hommes de cœur applaudiront ; mais la doit-elle tirer pour faire revivre la tradition des excès de l'Angleterre ? Ah ! Pour arriver à la taxe des pauvres, ce n'est pas la peine de mettre l'univers au pillage !

L'ordre social actuel est mauvais : comment le changer ?

Disons quel remède, selon nous, serait possible, en prévenant toutefois le lecteur que nous ne regardons que comme transitoire l'ordre social dont nous allons indiquer les bases.

CONCLUSION
DE QUELLE MANIÈRE ON POURRAIT, SELON NOUS, ORGANISER LE TRAVAIL.

Le gouvernement serait considéré comme le régulateur suprême de la production, et investi, pour accomplir sa tâche, d'une grande force.

Cette tâche consisterait à se servir de l'arme même de la concurrence, pour faire disparaître la concurrence.

Le gouvernement lèverait un emprunt, dont le produit serait affecté à la création d'ateliers sociaux dans les branches les plus importantes de l'industrie nationale.

Cette création exigeant une mise de fonds considérable, le nombre des ateliers originaires serait rigoureusement circonscrit ; mais en vertu de leur organisation même, comme on le verra plus bas, ils seraient doués d'une force d'expansion immense.

Le gouvernement étant considéré comme le fondateur unique des *ateliers sociaux*, ce serait lui qui rédigerait les statuts. Cette rédaction, délibérée et votée par la représentation nationale, aurait forme et puissance de loi.

Seraient appelés à travailler dans les *ateliers sociaux*, jusqu'à concurrence du capital primitivement rassemblé pour l'achat des instruments de travail, tous les ouvriers qui offriraient des garanties de moralité.

Bien que l'éducation fausse et antisociale donnée à la génération actuelle rende difficile qu'on cherche ailleurs que dans un surcroît de rétribution un motif d'émulation et d'encouragement, les salaires seraient égaux, une éducation toute nouvelle devant changer les idées et les mœurs.

Pour la première année qui suivrait l'établissement des ateliers sociaux, le gouvernement réglerait la hiérarchie des fonctions. Après la première année, il n'en serait plus de même. Les travailleurs ayant eu le temps de s'apprécier l'un l'autre, et tous étant également intéressés, ainsi qu'on va le voir, au succès de l'association, la hiérarchie sortirait du principe électif.

On ferait tous les ans le compte du bénéfice net, dont il serait fait trois parts : l'une serait répartie par portions égales entre les membres de l'association ; l'autre serait destinée : 1° à l'entretien des vieillards, des malades, des infirmes ; 2° à l'allégement des crises qui pèseraient sur d'autres industries, toutes les industries se devant aide et secours ; la troisième enfin serait consacrée à fournir des instruments de travail à ceux qui voudraient faire partie de l'association, de telle sorte qu'elle pût s'étendre indéfiniment.

Dans chacune de ces associations, formées pour les industries qui peuvent s'exercer en grand, pourraient être admis ceux qui appartiennent à des professions que leur nature même force à s'éparpiller et à se localiser. Si bien que chaque atelier social pourrait se composer de professions diverses, groupées autour d'une grande industrie, parties différentes d'un même tout, obéissant aux mêmes lois, et participant aux mêmes avantages.

Chaque membre de l'atelier social aurait droit de disposer de son salaire à sa convenance ; mais l'évidente économie et l'incontestable excellence de la vie en commun ne tarderaient pas à faire naître de l'association des travaux la volontaire association des besoins et des plaisirs.

Les capitalistes seraient appelés dans l'association et toucheraient l'intérêt du capital par eux versé, lequel intérêt leur serait garanti sur le budget ; mais ils ne participeraient aux bénéfices qu'en qualité de travailleurs.

L'atelier social une fois monté d'après ces principes, on comprend de reste ce qui en résulterait.

Dans toute industrie capitale, celle des machines, par exemple, ou celle de la soie, ou celle du coton, ou celle de l'imprimerie, il y aurait un atelier social faisant concurrence à l'industrie privée. La lutte serait-elle bien longue ? Non, parce que l'atelier social aurait sur tout atelier individuel l'avantage qui résulte des économies de la vie en commun, et d'un mode d'organisation où tous les travailleurs, sans exception, sont intéressés à produire vite et bien. La lutte serait-elle subversive ? Non, parce que le gouvernement serait toujours à même d'en amortir les effets, en empêchant de descendre à un niveau trop bas les produits sortis de ses ateliers. Aujourd'hui, lorsqu'un individu extrêmement riche entre en lice avec d'autres qui le sont moins, cette lutte inégale est nécessairement désastreuse, attendu qu'un particulier ne cherche que son intérêt personnel ; s'il peut vendre deux fois moins cher que ses concurrents pour les ruiner et rester maître du champ de bataille, il le fait. Mais lorsqu'à la place de ce particulier se trouve le pouvoir lui-même, la question change de face.

Le pouvoir, celui que nous voulons, aura-t-il quelque intérêt à bouleverser l'industrie, à ébranler toutes les existences ? Ne sera-t-il point, par sa nature et sa position, le protecteur né, même de ceux à qui il fera, dans le but de transformer la société, une sainte concurrence ! Donc, entre la guerre industrielle qu'un gros capitaliste déclare aujourd'hui à un petit capitaliste, et celle que le pouvoir déclarerait, dans notre système, à l'individu, il n'y a pas de comparaison possible. La première consacre nécessairement la fraude, la violence et tous les malheurs que l'iniquité porte dans ses flancs ; la seconde serait conduite sans brutalité, sans secousses, et de manière seulement à atteindre son but, l'absorption successive et pacifique des ateliers individuels par les ateliers sociaux. Ainsi, au lieu d'être, comme l'est aujourd'hui tout gros capitaliste, le maître et le tyran du marché, le gouvernement en serait le régulateur. Il se servirait de l'arme de la concurrence, non pas pour renverser violemment l'industrie particulière, ce qu'il serait intéressé par-dessus tout à éviter, mais pour l'amener insensiblement à composition. Bientôt en effet, dans toute sphère d'industrie où un atelier social aurait été établi, on verrait accourir vers cet atelier, à cause des avantages qu'il présenterait aux sociétaires, travailleurs et capitalistes. Au bout d'un certain temps, on verrait se produire, sans usurpation, sans injustice, sans désastres irréparables, et au profit du principe de l'association, le phénomène qui, aujourd'hui, se produit si déplorablement, et à force de tyrannie, au profit de l'égoïsme individuel. Un industriel très riche aujourd'hui peut, en frappant un grand coup sur ses rivaux, les laisser morts sur la place et monopoliser toute une branche d'industrie. Dans notre système, l'État se rendrait maître de l'industrie peu à peu, et, au lieu du monopole, nous aurions, pour résultat du succès, obtenu la défaite de la concurrence : l'association.

Supposons le but atteint dans une branche particulière d'industrie ; supposons les fabricants de machines, par exemple, amenés à se mettre au service de l'État, c'est-à-dire à se soumettre aux principes du règlement commun. Comme une même industrie ne s'exerce pas toujours au même lieu, et qu'elle a différents foyers, il y aurait lieu d'établir entre tous les ateliers appartenant au même genre d'industrie, le système d'association établi dans chaque atelier particulier. Car il serait absurde, après avoir tué la concurrence entre individus, de la laisser subsister entre corporations. Il y aurait donc, dans chaque sphère de travail que le gouvernement serait parvenu à dominer, un atelier central duquel relèveraient tous les autres, en qualité d'ateliers supplémentaires. De même que M. Rothschild possède, non-seulement en France, mais dans divers pays du monde, des maisons qui correspondent avec celle où est fixé le siége principal de ses affaires, de même chaque industrie aurait un siége principal et des succursales. Dès lors, plus de concurrence. Entre les divers centres de production appartenant à la même industrie, l'intérêt serait commun, et l'hostilité ruineuse des efforts serait remplacée par leur convergence.

Je n'insisterai pas sur la simplicité de ce mécanisme : elle est évidente. Remarquez, en effet, que chaque atelier, après la première année, se suffisant à lui-même, le rôle du gouvernement se bornerait à surveiller le maintien des rapports de tous les centres de production du même genre, et à empêcher la violation des principes du règlement commun. Il n'est pas aujourd'hui de service public qui ne présente cent fois plus de complications.

Transportez-vous pour un instant dans un état de choses où il aurait été loisible à chacun de se charger du port des lettres, et figurez-vous le gouvernement venant dire tout à coup : « À moi, à moi seul le service des postes ! » Que d'objections ! Comment le gouvernement s'y prendra-t-il pour faire parvenir exactement, à l'heure dite, tout ce que 34 millions d'hommes peuvent écrire, chaque jour, à chaque minute du jour, à 34 millions d'hommes ? Et cependant, à part quelques infidélités qui tiennent moins à la nature du mécanisme qu'à la mauvaise constitution des pouvoirs que nous avons eus jusqu'ici, on sait avec quelle merveilleuse précision se fait le service des postes. Je ne parle pas de notre ordre administratif et de l'engrenage de tous les ressorts qu'il exige. Voyez pourtant quelle est la régularité du mouvement de cette immense machine ! C'est qu'en effet le mode des divisions et des subdivisions fait, comme on dit, marcher tout seul le mécanisme en apparence le plus compliqué. Comment ! Faire agir avec ensemble les travailleurs serait déclaré impossible dans un pays où on voyait, il y a quelques vingt années, un homme animer de sa volonté, faire vivre de sa vie, faire marcher à son pas un million d'hommes ! Il est vrai qu'il s'agissait de détruire. Mais est-il dans la nature des choses, dans la volonté de Dieu, dans le destin providentiel des sociétés, que produire avec ensemble soit impossible, lorsqu'il est si aisé de détruire avec ensemble ? Au reste, les objections tirées des difficultés de l'application ne seraient pas ici sérieuses, je le répète. On demande à l'État de faire, avec les ressources immenses et de tout genre qu'il possède, ce que nous voyons faire aujourd'hui à de simples particuliers.

De la solidarité de tous les travailleurs dans un même atelier, nous avons conclu à la solidarité des ateliers dans une même industrie. Pour compléter le système, il faudrait consacrer la solidarité des industries diverses. C'est pour cela que nous avons déduit de la quotité des bénéfices réalisés par chaque industrie une somme au moyen de laquelle l'État pourrait venir en aide à toute industrie que des circonstances imprévues et extraordinaires mettraient en souffrance. Au surplus, dans le système que nous proposons, les crises seraient bien plus rares. D'où naissent-elles aujourd'hui en grande partie ? Du combat vraiment atroce que se livrent tous les intérêts, combat qui ne peut faire des vainqueurs sans faire des vaincus, et qui, comme tous les combats, attèle des esclaves au char des triomphateurs. En tuant la concurrence, on étoufferait les maux qu'elle enfante. Plus de victoires ; donc, plus de défaites. Les crises, dès lors, ne pourraient plus venir que du dehors. C'est à celles-là seulement qu'il deviendrait nécessaire de parer. Les traités de paix et d'alliance ne suffiraient pas pour cela sans doute ; cependant, que de désastres conjurés, si, à cette diplomatie honteuse, lutte d'hypocrisie, de mensonges, de bassesses, ayant pour but le partage des peuples entre quelques brigands heureux, on substituait un système d'alliance fondé sur les nécessités de l'industrie et les convenances réciproques des travailleurs dans toutes les parties du monde ! Mais notons que ce nouveau genre de diplomatie sera impraticable aussi longtemps que durera l'anarchie industrielle qui nous dévore. Il n'y a que trop paru dans les enquêtes ouvertes depuis quelques années. À quel désolant spectacle n'avons-nous pas assisté ? Ces enquêtes ne nous ont-elles pas montré les colons s'armant contre les fabricants de sucre de betterave, les mécaniciens contre les maîtres de forges, les ports contre les fabriques intérieures, Bordeaux contre Paris, le Midi contre le Nord, tous ceux qui produisent contre tous ceux qui consomment ? Au sein de ce monstrueux désordre, que peut faire un gouvernement ? Ce que les uns réclament avec instance, les autres le repoussent avec fureur : ce qui rendrait la vie à ceux-ci donne la mort à ceux-là.

Il est clair que cette absence de la solidarité entre les intérêts rend, de la part de l'État, toute prévoyance impossible, et l'enchaîne dans tous ses rapports avec les puissances étrangères. Des soldats au-dehors, des gendarmes au-dedans, l'État aujourd'hui ne saurait avoir d'autre moyen d'action, et toute son utilité se réduit nécessairement à empêcher la destruction d'un côté en détruisant de l'autre. Que l'État se mette résolument à la tête de l'industrie ; qu'il fasse converger tous les efforts ; qu'il rallie autour d'un même principe tous les intérêts aujourd'hui en lutte : combien son action à l'extérieur ne serait-elle pas plus nette, plus féconde, plus heureusement décisive ! Ce ne serait donc pas seulement les crises qui éclatent au milieu de nous que préviendrait la réorganisation du travail, mais en grande partie celles que nous apporte le vent qui enfle les voiles de nos vaisseaux.

Ai-je besoin de continuer l'énumération des avantages que produirait ce nouveau système ? Dans le monde industriel où nous vivons, toute découverte de la science est une calamité, d'abord parce que les machines suppriment les ouvriers qui ont besoin de travailler pour vivre, ensuite parce qu'elles sont autant d'armes meurtrières fournies à l'industriel qui a le droit et la faculté de les employer, contre tous ceux qui n'ont pas cette faculté ou ce droit. Qui dit *machine nouvelle,* dans le système de concurrence, dit *monopole* ; nous l'avons démontré. Or, dans le système d'association et de solidarité, plus de brevets d'invention, plus d'exploitation exclusive. L'inventeur serait récompensé par l'État, et sa découverte mise à l'instant même au service de tous. Ainsi, ce qui est aujourd'hui un moyen d'extermination deviendrait l'instrument du progrès universel ; ce qui réduit l'ouvrier à la faim, au désespoir et le pousse à la révolte, ne servirait plus qu'à rendre sa tâche moins lourde, et à lui procurer assez de loisir pour exercer son intelligence ; en un mot, ce qui permet la tyrannie aiderait au triomphe de la fraternité.

Dans l'inconcevable confusion où nous sommes aujourd'hui plongés, le commerce ne dépend pas et ne peut pas dépendre de la production.

Louis Blanc

Tout se réduisant pour la production à trouver des consommateurs que tous les producteurs sont occupés à s'arracher, comment se passer des courtiers et des sous-courtiers, des commerçants et des sous-commerçants ? Le commerce devient ainsi le ver rongeur de la production. Placé entre celui qui travaille et celui qui consomme, le commerce les domine l'un et l'autre, l'un par l'autre. Fourier, qui a si vigoureusement attaqué l'ordre social actuel, et, après lui, M. Victor Considérant, son disciple, ont mis à nu cette grande plaie de la société qu'on appelle le commerce, avec une logique irrésistible. Le commerçant doit être un agent de la production, admis à ses bénéfices et associé à toutes ses chances. Voilà ce que dit la raison et ce qu'exige impérieusement l'utilité de tous. Dans le système que nous proposons, rien de plus facile à réaliser. Tout antagonisme cessant entre les divers centres de production dans une industrie donnée, elle aurait, comme en ont aujourd'hui les maisons de commerce considérables, partout où l'exigent les besoins de la consommation, des magasins et des dépôts.

Que doit être le crédit ? Un moyen de fournir des instruments de travail au travailleur. Aujourd'hui, nous l'avons montré ailleurs,[1] le crédit est tout autre chose. Les banques ne prêtent qu'au riche. Voulussent-elles prêter au pauvre, elles ne le pourraient pas sans courir aux abîmes. Les banques constituées au point de vue individuel ne sauraient donc jamais être, quoi qu'on fasse, qu'un procédé admirablement imaginé pour rendre les riches plus riches et les puissants plus puissants. Toujours le monopole sous les dehors de la liberté, toujours la tyrannie sous les apparences du progrès ! L'organisation proposée couperait court à tant d'iniquités. Cette portion de bénéfices, spécialement et invariablement consacrée à l'agrandissement de l'atelier social par le recrutement des travailleurs, voilà le crédit. Maintenant, qu'avez-vous besoin des banques ? Supprimez-les.

L'excès de la population serait-il à craindre lorsque, assuré d'un revenu, tout travailleur aurait acquis nécessairement des idées d'ordre et des habitudes de prévoyance ? Pourquoi la misère aujourd'hui est-elle plus prolifique que l'opulence ? Nous l'avons dit.

Dans un système où chaque sphère de travail rassemblerait un certain nombre d'hommes animés du même esprit, agissant d'après la même impulsion, ayant de communes espérances et un intérêt commun,

---

1 Voir l'article intitulé : QUESTION DES BANQUES, dans le numéro de la *Revue du Progrès* du 1er décembre 1839.

quelle place resterait, je le demande, pour ces falsifications de produits, ces lâches détours, ces mensonges quotidiens, ces fraudes obscures qu'impose aujourd'hui à chaque producteur, à chaque commerçant, la nécessité d'enlever, coûte que coûte, au voisin sa clientèle et sa fortune ? La réforme industrielle ici serait donc en réalité une profonde révolution morale, et ferait plus de conversions en un jour que n'en ont fait dans un siècle toutes les homélies des prédicateurs et toutes les recommandations des moralistes.

Ce que nous venons de dire sur la réforme industrielle, suffit pour faire pressentir d'après quels principes et sur quelles bases nous voudrions voir s'opérer la réforme agricole. L'abus des successions collatérales est universellement reconnu. Ces successions seraient abolies, et les valeurs dont elles se trouveraient composées seraient déclarées propriété communale. Chaque commune arriverait de la sorte à se former un domaine qu'on rendrait inaliénable, et qui, ne pouvant que s'étendre, amènerait, sans déchirements ni usurpations, une révolution agricole immense ; l'exploitation du domaine communal devant d'ailleurs avoir lieu sur une plus grande échelle et suivant des lois conformes à celles qui régiraient l'industrie. Nous reviendrons sur ce sujet, qui exige quelques développements.

On a vu pourquoi, dans le système actuel, l'éducation des enfants du peuple était impossible. Elle serait tellement possible dans notre système, qu'il faudrait la rendre obligatoire en même temps que gratuite. La vie de chaque travailleur étant assurée et son salaire suffisant, de quel droit refuserait-il ses enfants à l'école ? Beaucoup d'esprits sérieux pensent qu'il serait dangereux aujourd'hui de répandre l'instruction dans les rangs du peuple, et ils ont raison. Mais comment ne s'aperçoivent-ils pas que ce *danger de l'éducation* est une preuve accablante de l'absurdité de notre ordre social ? Dans cet ordre social, tout est faux : le travail n'y est pas en honneur ; les professions les plus utiles y sont dédaignées ; un laboureur y est tout au plus un objet de compassion, et on n'a pas assez de couronnes pour une danseuse. Voilà, voilà pourquoi l'éducation du peuple est un danger ! Voilà pourquoi nos collèges et nos écoles ne versent dans la société que des ambitieux, des mécontents et des brouillons. Mais qu'on apprenne à lire au peuple dans les bons livres ; qu'on lui enseigne ce qui est le plus utile à tous est le plus honorable ; qu'il n'y a que des arts dans la société, qu'il n'y a pas de métiers ; que rien n'est digne de mépris que ce qui est de nature à corrompre les âmes, à leur verser le poison de l'orgueil, à les éloigner de la pratique de la fraternité, à leur inoculer l'égoïsme. Puis, qu'on montre à ces enfants que la société est régie par les principes qu'on leur enseigne : l'éducation serait-elle dangereuse alors ? On fait de l'instruction un marche-pied apparent pour toutes les sottes vanités, pour toutes les prétentions stériles, et on crie anathème à l'instruction ! On écrit de mauvais livres, appuyés par de mauvais exemples, et l'on se croit suffisamment autorisé à proscrire la lecture ! Quelle pitié !

Résumons-nous. Une révolution sociale doit être tentée :

1° Parce que l'ordre social actuel est trop rempli d'iniquités, de misères, de turpitudes, pour pouvoir subsister longtemps ;

2° Parce qu'il n'est personne qui n'ait intérêt, quels que soient sa position, son rang, sa fortune, à l'inauguration d'un nouvel ordre social.

3° Enfin, parce que cette révolution, si nécessaire, il est possible, facile même, de l'accomplir pacifiquement.

Dans le monde nouveau où elle nous ferait entrer, il y aurait peut-être encore quelque chose à faire pour la réalisation complète du principe de fraternité. Mais tout, du moins, serait préparé pour cette réalisation, qui serait l'œuvre de l'enseignement. L'humanité a été trop éloignée de son but pour qu'il nous soit donné d'atteindre ce but en un jour. La civilisation corruptrice dont nous subissons encore le joug a troublé tous les intérêts, mais elle a en même temps troublé tous les esprits et empoisonné les sources de l'intelligence humaine. L'iniquité est devenue justice ; le mensonge est devenu vérité ; et les hommes se sont entre-déchirés au sein des ténèbres.

Beaucoup d'idées fausses sont à détruire : elles disparaîtront, gardons-nous d'en douter. Ainsi, par exemple, le jour viendra où il sera reconnu que celui-là doit plus à ses semblables qui a reçu de Dieu plus de force ou plus d'intelligence. Alors, il appartiendra au génie, et cela est digne de lui, de constater son légitime empire non, par l'importance du tribut qu'il lèvera sur la société, mais par la grandeur des services qu'il lui rendra. Car ce n'est pas à l'inégalité des droits que l'inégalité des aptitudes doit aboutir, c'est à l'inégalité des devoirs.

Le système dont les bases viennent d'être posées a soulevé, depuis sa publication, des objections nombreuses. Cela devait être. Il y a aujourd'hui dans tous les esprits une disposition naturelle à se mettre en garde contre ce qui est nouveau.

PREMIÈRE PARTIE

Toutefois les critiques dont notre système a été l'objet présentent en général un remarquable caractère de convenance et de modération ; elles témoignent même d'une vive sympathie pour la nature et le but de nos efforts.[1]

Les problèmes que nous avons abordés sont d'une importance capitale ; la difficulté de les résoudre est immense. Aussi n'offrons-nous ce livre au public que comme le résultat d'études patientes et consciencieuses. Si nous avons commis des erreurs, qu'on nous les indique ; nos convictions sont profondes, mais nous n'avons pas assez de présomption pour les déclarer invincibles.

RÉPONSES À DIVERSES OBJECTIONS.

Nous allons examiner une à une les objections qui nous ont été adressées, et pour n'être point exposé à les affaiblir, nous les reproduirons textuellement.[2]

Voici en quels termes M. Michel Chevalier commenté notre système.[3]

« Allons droit au fond de ce livre sans nous arrêter à la forme, et même sans la qualifier. Le système qui y est exposé a un public qui s'en occupe. Ce sont des idées qui germent dans un certain nombre de têtes, que plusieurs écrivains ont soutenues simultanément, sauf quelques variantes, que l'on s'efforce d'accréditer parmi les classes ouvrières, et qui y trouvent des zélateurs. L'organisation du travail consisterait, suivant l'École dont M. Louis Blanc est l'un des interprètes, à ouvrir des *ateliers sociaux* aux frais de l'État, d'abord dans les branches les plus importantes de l'industrie nationale, puis successivement dans toutes les autres. L'État en dresserait les statuts ; cette rédaction, délibérée et

---

1 Nous ne devons pas oublier à ce sujet que, notre livre ayant été saisi, le *Siècle*, qui en avait combattu les doctrines, s'est élevé contre la poursuite avec la plus grande énergie. Il n'en fallait pas tant sans doute pour que la chambre des mises en accusation fît bonne et prompte justice de l'erreur du parquet ; mais nous n'en devons pas moins des remercîments au rédacteur en chef du *Siècle*, M. Chambolle, pour le noble et fraternel appui qu'il nous a prêté en cette circonstance.

2 Les journaux qui jusqu'ici ont discuté notre projet sont : *le Siècle*, *le Constitutionnel*, *le Charivari*, *la Phalange*, *la Revue de l'Aveyron et du Lot*, *le Globe*, *la Revue du 19ᵉ siècle*, *le Commerce*, *le Journal du Peuple*, *la Revue des Deux-Mondes*, *l'Atelier*, *le Journal des Débats*.

3 Voir le *Journal des Débats*, numéro du 21 août 1844.

votée par la représentation nationale, aurait force de loi.

« Tout ouvrier offrant des garanties de moralité serait appelé à travailler dans les ateliers sociaux.

« Pour la première année le gouvernement réglerait la hiérarchie des fonctions ; mais après ce délai d'un an, les travailleurs ayant eu le temps de s'apprécier l'un l'autre, la hiérarchie sortirait du principe électif.

« Le bénéfice net serait divisé en trois parts. L'une serait répartie par portions égales entre les membres de l'association ; la seconde serait destinée à l'entretien des vieillards, des malades, des infirmes, à l'adoucissement des crises qui pèseraient sur d'autres industries ; la troisième serait destinée à agrandir l'atelier, en fournissant des instruments de travail à ceux qui voudraient y entrer.

« Dans chacune de ces associations formées pour les industries qui peuvent s'exercer en grand, pourraient être admis ceux qui appartiennent à des professions que leur nature même force à s'éparpiller et à se localiser ; si bien que chaque atelier pourrait se composer de professions diverses groupées autour d'une grande industrie, parties différentes d'un même tout, obéissant aux mêmes lois et participant aux mêmes avantages.

« Les salaires seraient inégaux entre les membres de l'atelier ; mais cette inégalité serait provisoire. En vertu de l'égalité et de la fraternité, telles que les comprennent M. Louis Blanc et ses amis, après un laps de temps pendant lequel l'éducation préparerait les hommes, tous les salaires deviendraient égaux.

« Chacun aurait le droit de disposer de son salaire à sa convenance ; mais bientôt on verrait naître de l'association des travaux la volontaire association des besoins et des plaisirs.

« Les capitalistes seraient appelés dans l'association et toucheraient l'intérêt du capital par eux versé, lequel intérêt leur serait garanti sur le budget ; mais ils ne participeraient aux bénéfices qu'autant qu'ils se rangeraient parmi les travailleurs.

« Bientôt l'industrie privée en masse, maîtres et ouvriers, demanderait à être incorporée dans les ateliers sociaux, et la concurrence de ces ateliers serait assez formidable pour faire regarder à tout le monde cette incorporation comme une faveur. Dès lors, après un temps plus ou moins long, l'industrie morcelée disparaîtrait, la concurrence s'enfuirait de la terre, qu'elle désole aujourd'hui ; l'âge d'or luirait, Astrée régnerait dans l'univers.

« Tel est le résumé fidèle de ce système. En resserrant ainsi l'exposé de M. Louis Blanc, nous nous sommes servis, autant que possible, de ses termes mêmes.

« Ce système s'appuie d'un sentiment louable, le désir de supprimer les effets fâcheux de la concurrence illimitée. Parmi les résultats de la concurrence à peu près sans bornes qui est la loi de l'industrie depuis cinquante ans, il en est de désastreux qui pèsent également sur toutes les classes industrielles, sur les maîtres comme sur les ouvriers ; il en est que l'humanité déplore, que la morale publique condamne et flétrit. L'instabilité, les secousses, les fraudes, les violences qui trop souvent caractérisent ce régime, nous ne nous sommes pas fait faute nous-même de les signaler et d'en appeler le remède. Mais, avec des publicistes pleins de lumières et de sens, nous les avons considérées comme les conséquences fâcheuses parmi tant d'autres bienfaisantes de la mise en œuvre récente et incomplète d'un principe nouveau dans le monde, celui de la liberté, principe fécond et immortel. Pour améliorer le fruit, nous pensons qu'il y a seulement à émonder l'arbre, et, d'une main prudente et sûre, le débarrasser des rameaux qu'il pousse à l'aventure.

« L'école radicale à laquelle M. Louis Blanc appartient veut, si nous ne nous trompons, et nous en faisons juge le lecteur, qu'on le coupe par le pied. À ce compte, il n'y aurait pas seulement moins de fruits ; il n'y en aurait plus du tout : il n'y en aurait pour personne. Ceux qui sont pauvres comme ceux qui sont riches, mourraient de faim. M. Louis Blanc et ses amis croient, il est vrai, le contraire ; ils se flattent de faire croître un autre arbre magnifique, sous l'ombrage duquel le genre humain trouverait un abri plein de charmes, et dont la sève abondante fournirait une délicieuse substance aux hommes. Examinons s'ils ne se trompent pas. Voyons si le rameau qu'ils se proposent de planter en terre pourrait y puiser quelques sucs nourriciers, s'il a force de vie, si les lois de la nature humaine ne le condamneraient pas aussitôt à dessécher et à périr.

« Quiconque trace un système de réorganisation sociale s'inspire d'idées philosophiques exactes ou non, et de données bonnes ou mauvaises sur le cœur humain, à son insu, quand il a la vue courte et l'esprit pauvre, sciemment et de propos délibéré quand il a une tête pensante. Nous rangeons M. Louis Blanc dans la seconde catégorie, et nous lui demanderons à lui-même quel est son point de départ.

Louis Blanc

« Les idées-mères de M. Louis Blanc, celles qui percent à chaque instant dans son livre, sont les deux suivantes.

« 1° Les sociétés humaines peuvent se gouverner principalement, sinon absolument, par le sentiment du devoir. L'intérêt personnel n'est qu'un ressort d'une importance secondaire ; le progrès social et individuel, le développement de la prospérité publique et privée n'exigent pas impérieusement qu'on le mette énergiquement en jeu. Il n'est pas nécessaire de l'exciter directement. Un appât indirect suffira ; il ne mérite pas plus d'honneur. Qui dit intérêt personnel, direct, immédiat, dit cupidité. De là M. Louis Blanc conclut que ses *ateliers sociaux* seraient florissants, quoique les membres de l'atelier n'eussent qu'un intérêt collectif et non pas individuel, indirect et non pas immédiat, à bien s'acquitter de leurs fonctions ;

« 2° Le terme définitif des sociétés, c'est l'égalité absolue. Nous touchons à ce but ; encore un effort, et nous y sommes. Par conséquent, dans un très-prochain avenir, tous les hommes pourront être également rétribués. L'inégalité des salaires parmi les membres des *ateliers sociaux*, c'est-à-dire parmi tous les hommes, ne sera qu'un accident provisoire, une dérogation passagère à la loi suprême de l'univers ; après un peu de temps, la distinction résultant d'une inégalité de salaires sera abolie. Voici ses propres expressions : « Comme l'éducation fausse et antisociale donnée à la génération actuelle ne permet pas de chercher ailleurs que dans un surcroît de rétribution un motif, d'émulation et d'encouragement, la différence des salaires serait graduée sur la hiérarchie des fonctions, une éducation toute nouvelle devant sur ce point changer les idées et les mœurs. »

« Or ces deux idées-mères sont radicalement erronées. Tout le système social fondé sur elles est chimérique. Le cœur humain est au rebours de la conception de M. Louis Blanc. Tant pis pour le cœur humain, me dira-t-il. — Cela se peut, mais tant pis plutôt pour votre plan ; prenez les hommes tels qu'ils sont, et non tels que vous voudriez qu'ils fussent. Dans le cœur de la très-grande majorité des hommes, et dans le plus grand nombre des circonstances, dans les actes de la vie courante, le sentiment du droit personnel prime celui du devoir ; la pensée de l'intérêt domine celle du sacrifice. Le sentiment immédiat et direct du gain individuel est un mobile sans cesse agissant ; dans le monde des affaires, dans les échanges de l'industrie, dans le domaine du travail, il mène et mènera toujours le genre humain. Supprimez-le, et l'industrie languit et s'arrête. Hors de là, plus de progrès dans les arts, plus d'ardeur parmi les travailleurs, plus de vie dans l'atelier. La loi et la religion prêchent aux hommes le devoir et glorifient le sacrifice ; remercions-les-en du fond du cœur. La société serait perdue le jour où le sentiment du devoir serait éteint. Elle tomberait en pourriture, si le sacrifice et l'abnégation ne recevaient pas les hommages des hommes. Mais le sentiment du droit se prêche tout seul. Chacun de nous est sur ce point son propre prédicateur, et trouve en soi-même un catéchumène docile. Ce sont les âmes d'élite, et elles seules, qui sont autres. Dressez des statues à Cincinnatus, offrez des palmes aux martyrs, mais n'espérez pas que dans les actes habituels de la vie pratique, et dans les questions de pot-au-feu, le genre humain prenne leur abnégation pour modèle. Et encore, par ma foi, eux-mêmes, dans leurs transactions usuelles, se conduisaient suivant la loi commune, et ils étaient peut-être fort intéressés. — Cincinnatus, propriétaire, quand il vendait son grain, faisait probablement ses efforts tout comme un autre pour tirer de l'acheteur le meilleur prix. Caton l'Ancien, l'homme du devoir en politique, était, dans la vie privée, très-regardant ; et saint Paul, le grand saint Paul, homme de dévouement, certes, eût été peut-être peu alerte, quand il était à sa besogne de faiseur de tentes, s'il n'eût senti que de son travail individuel dépendait son pain quotidien.

« Quant à traduire l'idée de l'égalité par des rétributions identiques pour tous les hommes, c'est méconnaître l'homme et l'histoire. L'égalité véritable, celle que proclamaient nos pères en 1789, et qui a définitivement triomphé en 1830, celle à qui appartient l'avenir, consiste à effacer les inégalités politiques fondées sur le droit de la naissance. Elle signifie qu'il n'y a plus en France de noblesse privilégiée dans sa descendance, et, par-dessous, un tiers-état. Les Français sont égaux, cela veut dire que la nation française est une, que les distinctions publiques appartiennent au talent et aux services, sans acception de la naissance. Cela signifie que l'État doit à tous les intérêts un égal appui, une égale sollicitude ; qu'il est tenu à protéger les champs de celui-ci, les rentes de celui-là, le travail de ce troisième, qui n'a ni rentes ni terres. C'est-à-dire aussi que par l'éducation l'État doit préparer tous les hommes à être utiles à la société et à eux-mêmes ; que l'éducation encore doit avoir pour but de soigneusement rechercher partout, dans les hameaux comme dans les cités, sous le chaume et les haillons comme sous le toit et l'opulence, les natures supérieures dont la société a besoin

Louis Blanc

pour que ses affaires soient bien conduites. Mais l'idée de soumettre à la même existence matérielle tous les hommes, sans exception, les magistrats suprêmes comme le plus humble des manouvriers, est une de ces chimères qui sont permises à peine au collégien naïf dont l'imagination exaltée rêve le brouet noir des Spartiates, hors du réfectoire pourtant, alors qu'il n'a plus faim. Ce ne serait pas de l'égalité, ce serait de l'inégalité brutale, de la tyrannie la plus odieuse. Imaginez-vous dans une des casernes où les travailleurs, c'est-à-dire tous les citoyens, auraient la vie en commun que leur offre M. Louis Blanc, le prince ou le premier magistrat, les ministres, les juges des plus hauts tribunaux, les chefs des travaux dé la société, ceux dont la pensée coordonne et règle les efforts de leurs semblables, mangeant à la gamelle de tout le monde la pitance universelle ; se délassant de leurs grands soucis dans le préau universel, aux mêmes jeux que le vulgaire, méditant sur les destinées de la patrie, sur les intérêts généraux de la société, dans leur chambre numérotée, pareille à celle du dernier des citoyens, ayant pour s'inspirer autour d'eux, de même que lui, les ustensiles du ménage et les cris des enfants. Cela n'est pas sérieux. Des imaginations échauffées ont pu, dans leur exaltation, produire de pareilles utopies ou s'en laisser séduire, alors que les détenteurs du pouvoir absorbaient tous les avantages et accaparaient tous les biens. Je concevrais ce rêve en Turquie, de la part d'un malheureux raya à qui le pacha aurait la veille pris sa dernière chèvre et abattu son dernier palmier. Mais en France, de nos jours, où les fonctions publiques sont si peu rétribuées, que de la part d'un homme de quelque capacité, c'est un sacrifice matériel que de les accepter, et où elles n'offrent aucune compensation morale en retour ; de nos jours, où la position des gouvernants, telle que l'ont faite les préjugés et l'éducation de la révolution, est digne de pitié plutôt que d'envie ; chez nous, où le premier besoin politique est de rendre à l'autorité quelque prestige, et le premier besoin social la hiérarchie, ces projets d'amoindrir jusqu'à l'aplatissement l'existence des chefs restent sans explication et sans excuse.

« Les deux bases sur lesquelles repose le système de M. Louis Blanc n'ont donc ni solidité, ni consistance. Seul, le sentiment du devoir est incapable de fonder une société ; le réformateur qui compte sans l'intérêt personnel néglige le mobile le plus puissant des actions ordinaires des hommes, la force qui détermine au moins à demi tous les battements du cœur humain. Dans l'édifice social ; c'est, le sentiment du devoir qui cimente ; mais c'est le sentiment personnel qui rapproche les matériaux. L'égalité absolue est plus qu'une chimère, c'est le comble de l'injustice ; c'est l'avilissement de ce qu'il y a de plus noble et de plus pur sur la terre ; c'est une honteuse promiscuité. Par cela même, le système croule en entier. Pour l'apprécier d'un autre point de vue, recherchons ce qu'il y a de légitime et d'opportun dans cette réprobation sansréserve de la concurrence ; examinons si la concurrence est par elle-même un fléau, s'il ne lui est pas donné d'être autre chose, et si, au contraire, même en infligeant passagèrement des douleurs dont je reconnais l'amertume, elle n'est pas la condition de l'amélioration du sort futur de ceux au nom desquels M. Louis Blanc, aujourd'hui, la frappe d'anathème.

« M. Louis Blanc, qui entend être libéral, créait tout à l'heure par l'organisation élective de ses ateliers sociaux la tyrannie des majorités, et par l'égalité absolue organisait l'esclavage des natures supérieures. De même, par la suppression de la concurrence, il anéantit le ressort du progrès matériel ; il paralyse la force qui doit un jour faire disparaître la misère, aussi complètement que les sociétés humaines peuvent en être affranchies.

« La concurrence fait le bon marché : cette vérité-là court les rues, en même temps qu'elle hante les palais. Or, ces vérités qu'on trouve en tous lieux, au coin de la borne et sous les lambris dorés, si les lambris dorés existent encore, ce sont les bonnes. Le bon marché, qu'est-ce, sinon l'affranchissement matériel dès classes peu aisées ? Quand les prix de toutes choses se seront assez réduits pour qu'un homme qui n'a d'autre ressource que le travail de ses mains, et dont l'intelligence est vulgaire, mais qui d'ailleurs est actif, rangé, honnête, puisse, en retour de son salaire, se procurer en tout temps les objets nécessaires à son bien-être et à celui de sa petite famille, avoir une nourriture abondante et saine, un logement clos et chauffé en hiver, se donner les agréments de la propreté, et, le dimanche, à sa compagne, celui d'une élégance élémentaire, alors une conquête immense sera accomplie. J'accorde à M. Louis Blanc que nous soyons loin du but, mais il m'accordera, de son côté, que nous nous en sommes rapprochés à un degré remarquable depuis cinquante ans. Mais comment et par quel chemin y marchons-nous ?

« En 1789 nos pères ont voulu attirer sur la France ces biens et beaucoup d'autres de l'ordre intellectuel et de l'ordre moral. Ils se tâtèrent, s'interrogèrent et consultèrent l'expérience des siècles passés,

Louis Blanc

demandèrent des avis aux sages des sociétés anciennes, s'inspirèrent de l'Évangile, même en le foulant aux pieds. Enfin, après un long examen de conscience, et après avoir longtemps regardé autour d'eux pour atteindre cet avenir heureux qu'ils souhaitaient à l'espèce humaine, et qu'un divin pressentiment, leur disait possible, certain, et que cependant ils espéraient pour la postérité plus que pour eux-mêmes, pour arriver à l'égalité, telle qu'ils l'entendaient, et qui, dans leur esprit, impliquait tous ces avantages, ils prirent la route de la liberté.

« Or liberté, en industrie, signifie concurrence.

« Condamner absolument, systématiquement la concurrence, c'est donc réprouver les principes de 1789, c'est s'inscrire en faux contre la civilisation qui les a adoptés ; c'est vouloir que notre patrie, se frappant la poitrine, demande pardon au genre humain de l'avoir induit en erreur, et se mette à rebrousser chemin, la honte sur le front, le désespoir dans l'âme.

« La concurrence a ses abus comme a eu les siens, politiquement et socialement, la liberté, dont elle est la transfiguration industrielle. L'arène de la concurrence est marquée par des chutes, des catastrophes, et parsemée de ruines ; elle a été bien souvent baignée de larmes. Que de fois l'avenir des familles y a été anéanti, que d'espérances légitimés y ont été renversées ! Combien d'épargnes amassées péniblement y ont été dévorées ! Combien d'hommes laborieux et loyaux y ont tout perdu, tout, jusqu'à l'honneur ! Je ne le dissimule pas, et personne plus que moi ne le déplore. Mais la carrière de la liberté a été aussi couverte de décombres, des actes infâmes en ont souillé le sol sacré, des torrents de sang l'ont inondée. L'affreuse guillotine y fut un moment inaugurée, que dis-je, sanctifiée, car on nous a parlé de la *sainte guillotine* ! L'athéisme y trôna pendant quelques jours, et des monstres dignes de l'exécration du genre humain y firent la loi. Est-ce à dire qu'il faille maudire la liberté ?

« Pourquoi donc rendre la concurrence responsable des mensonges, des méfaits, des violences qui se sont accomplis et s'accomplissent encore en son nom. Le principe de la concurrence sera longtemps encore, sinon toujours, la loi de l'industrie. Tout ce que les hommes de notre âge ont à faire, c'est dans l'application de l'empêcher d'aller jusqu'aux dernières conséquences. Il ne faut jamais se laisser conduire par la logique jusqu'aux déductions extrêmes d'un principe unique. Il faut balancer les principes exclusifs les uns par les autres. Ainsi ne négligeons rien pour parer aux inconvénients de la concurrence.

Adoucissons, si dès à présent nous ne pouvons entièrement les guérir, les maux qu'elle cause. À cet effet, faisons pour la concurrence, ou pour la liberté industrielle, ce que nous avons opéré avec un succès qui sera bientôt plus manifeste, pour la liberté politique. Nous avons allié celle-ci à l'ordre, et ce fut un progrès salutaire et grand que d'écrire à côté du nom de la liberté, et sur la même ligne, celui de l'ordre public, dès le lendemain des journées de 1830. Que de malheurs n'a pas prévenus la direction nouvelle ainsi imprimée à la politique française ! De même en industrie, cessons de séparer l'idée de concurrence de celles d'association et de solidarité. De là ressortiront bientôt mille mesures fécondes et conservatrices. Mais supprimer la concurrence, jamais !

« Le genre humain n'a déjà pas tant de principes à son service. La civilisation ne change pas de principes comme un homme de chemises. Respectons donc ceux que nos pères ont eu tant de peine à faire prévaloir, et qui, après tout, étaient vieux comme le monde, comme l'éternelle justice. Sur la base qu'ils ont scellée de leur sang, tâchons que rien ne s'élève de contraire au sentiment généreux qui les animait, qui leur inspira tant de force, et qu'ils nous ont légué. Mais n'essayons pas de bouleverser cette base. Ce serait une entreprise sacrilège ; ce serait un attentat contre nous-mêmes, et nous y échouerions. Le principe de la liberté est comme ces blocs de rochers dont parle Homère, disant que les héros de la Grèce, assemblés devant Troie, parvenaient à les soulever de leurs bras nerveux et à les lancer au loin, mais que les hommes les plus robustes des générations suivantes auraient tenté vainement de les remuer sur le sol. »

« MICHEL CHEVALIER. »

À l'article des *Débats* que le lecteur vient de lire, nous ayons répondu par la lettre suivante, insérée dans le même journal, numéro du 17 février 1845.

Monsieur le Rédacteur,

En rendant compte d'un livre que j'ai publié il y a quatre ans, sous ce titre : *Organisation du Travail*, M. Michel Chevalier m'a involontairement attribué des idées qui ne sont pas les miennes, et sur lesquelles il s'est appuyé pour combattre un système que, même après le jugement qu'il en a porté, je persiste à trouver bon. Voulez-vous me permettre, Monsieur, de prendre votre public pour juge entre M. Michel Chevalier et moi ?

Louis Blanc

La question soulevée est peut-être d'une importance assez générale et d'une portée assez haute pour motiver une pareille dérogation aux usages.

M. Michel Chevalier commence par me reprocher d'avoir basé mon système sur l'idée que voici : « Les sociétés humaines peuvent se gouverner principalement, sinon absolument, par le sentiment du devoir. L'intérêt personnel n'est qu'un ressort secondaire. »

Oui, je crois et je me sens heureux de croire à la puissance des idées de devoir, convenablement développées par l'éducation. En ceci, l'accusation me plaît, je l'accepte, je m'en honore. Mais, comme M. Michel Chevalier et comme tout le monde, je pense que l'activité humaine a dans l'intérêt personnel un très-énergique, un incontestable mobile. Seulement, on m'accordera bien que l'intérêt personnel doit, pour ne pas agir sur la société d'une manière subversive, se concilier avec les sentiments du devoir ; on m'accordera bien qu'un ordre social est fondamentalement vicieux, lorsqu'au lieu de rendre cette conciliation permanente et naturelle, il tend au contraire à la rendre impossible. Or là est toute la question.

Par sa nature, le régime de la concurrence donne à l'intérêt personnel une direction antisociale, des encouragements contraires au sentiment du devoir ; c'est pour cela qu'il faut le combattre. Il ne s'agit donc pas pour nous de nier puérilement la puissance de l'intérêt personnel, mais d'ennoblir cette puissance, de l'épurer et de la féconder.

Que voyons-nous dans la société telle que la concurrence l'a faite ? La concurrence a donné à l'intérêt personnel les ailes et la rapacité du vautour. Dans toutes les avenues de la fortune, des milliers de rivaux frémissants se sont élancés pêle-mêle, et ils s'y pressent avec rage, ils s'y heurtent, ils s'y renversent l'un sur l'autre. L'anarchie industrielle, qu'on ose décorer du beau nom de liberté, appelant dans chaque sphère de travail un nombre de producteurs que rien ne limite et qui s'accroît sans cesse, les nouveaux venus, pour se faire place, sont forcés d'engager contre ceux qu'ils rencontrent sur leur chemin un combat désespéré, un combat furieux. Et comment s'appellent les armes qu'on y emploie ? elles s'appellent falsifications, baisse systématique des prix, mensonges, calomnies, ruses de toute espèce. Pour augmenter sa clientèle, il faut que le marchand attire à lui celle du voisin. La science, en mettant au jour des procédés nouveaux, ne fait que livrer à quelques-uns une massue avec laquelle ils écrasent leurs rivaux. Est-il une fortune qui, sous le régime de la concurrence, ne soit bâtie en quelque sorte avec des ruines ? Et qui peut dire de combien de calamités partielles se compose le bonheur du parvenu ? Vous montez, mais vous vous êtes fait un marche-pied de victimes. Voilà l'intérêt personnel en action, dans le régime actuel ; et où donc, je le demande, le sentiment du devoir trouvera-t-il, sa place entre celui qui écrase et celui qui est écrasé ?

Car il n'est pas furieux seulement ce combat dont j'ai parlé, il est odieusement inégal ; il met aux prises le riche et le pauvre, le faible et le fort, le spéculateur qui a pour lui toutes les chances de l'audace, et l'honnête homme qui n'a que celles du travail. La victoire, pourrait-elle être douteuse ? M. Michel Chevalier sait bien que, dans les batailles industrielles, la victoire appartient aux gros capitaux, comme, dans les autres batailles, elle appartient aux gros bataillons. Et c'est dans un milieu social où elle ne se manifeste que par une série de luttes acharnées, une succession de défaites injustes, un choc continuel d'impitoyables désirs, une âpreté de gain universelle et inouïe, qu'on vient vanter la puissance de l'intérêt personnel ! Et l'on nous accuse de la nier parce que nous en réprouvons les manifestations hideuses !

Mais que faire alors ? Que faire ?... modifier un régime social qui, par son essence même, rend inconciliables l'intérêt personnel et le sentiment du devoir ; et poser, avec le bon sens du cœur, les bases d'un régime tel que nul ne puisse y chercher autre part que dans le triomphe de l'intérêt public la satisfaction de son intérêt propre. L'association résout ce problème. Et, par exemple, dans les ateliers sociaux dont nous proposons l'établissement, la part de l'intérêt personnel est faite sans contredit, puisque chaque travailleur participe au bénéfice. Seulement, le bénéfice ne saurait augmenter pour quelques-uns sans augmenter pour tous. Ainsi l'émulation n'est pas détruite, elle est purifiée ; l'intérêt personnel cesse d'être une excitation à la haine pour devenir un moyen de concorde, un encouragement à la fraternité ; le stimulant individuel ne perd rien de son énergie, et il devient moral.

M. Michel Chevalier a d'avance objecté que, dans tout système d'association, l'intérêt personnel est indirect, parce qu'il revêt un caractère collectif. La conclusion ne me semble pas logique. Je ne sache rien de plus direct que l'intérêt qu'a un travailleur à l'accroissement des bénéfices dont il doit toucher une partie. Mais quoi ! est-ce qu'il n'y a pas dans tout intérêt collectif un stimulant très-énergique ? Est-ce que ce n'est pas à un intérêt d'honneur collectif que se rapporte, dans

Louis Blanc

l'armée, la fidélité au drapeau ? Est-ce que ce n'est pas sous l'influence d'un intérêt collectif de gloire qu'on a vu des millions d'hommes courir avec enthousiasme au-devant de la mort ? Est-ce que ce n'est pas un sentiment collectif qui a enfanté l'omnipotence du catholicisme, fondé toutes les grandes institutions, inspiré toutes les grandes choses, produit tous les actes par lesquels a éclaté dans l'histoire la souveraineté du vouloir de l'homme ? Est-il donc sans puissance, cet intérêt qui nous rend si jaloux de la dignité de notre nation, cet intérêt collectif qui s'appelle *la patrie* ? Et lorsqu'on l'a mis si complètement au service de la destruction et de la guerre, comment nous persuadera-t-on qu'il est à tout jamais impossible de le mettre au service de la production et de la fraternité humaine ?

Que ceci reste bien entendu : nous ne prétendons pas le moins du monde qu'on immole à l'émancipation du peuple la personnalité humaine, les droits de l'individu ; mais nous demandons que, par une application à la fois prudente et large du principe d'association, l'individu se trouve naturellement amené à associer au bien de ses semblables son espérance et ses désirs.

L'intérêt personnel veut être pris en sérieuse considération ? Oui, certainement ; et c'est pour cela qu'il faut porter la main sur un régime qui couve le prolétariat. Si les exigences de l'intérêt personnel méritent qu'on les respecte, que ne les respectez-vous dans la personne de tant de malheureux, serfs de l'industrie et valets d'une manivelle ? Quoi ! l'intérêt personnel est trois fois saint, et je vois dans le milieu social que vous défendez une foule d'hommes qui vivent au jour le jour ; qui, courbés sur d'abrutissants labeurs, n'ont pour dédommagement que la satisfaction de ne pas mourir de faim ; qui s'épuisent à créer des jouissances au partage desquelles on ne les appellera jamais. Ah ! ceux qui comprennent le cœur humain et ne fondent pas leurs théories sur des chimères, les véritables hommes pratiques, ce sont ceux qui savent que, si l'intérêt personnel est respectable chez les uns, il l'est aussi chez les autres. Quel spectacle nous présente aujourd'hui la société ? En haut, c'est une émulation dévorante et déréglée ; en bas, c'est une monotonie de fatigue et de douleur, menaçante et sombre. Est-ce là un état normal ? La réponse est bien simple, et elle est terrible : il n'est personne aujourd'hui qui, en s'endormant, soit bien sûr de ne se pas réveiller dans la tempête ; et la sagesse de nos hommes d'État se réduit à comprendre que les révolutions sont toujours prêtes à frapper à la porte

PREMIÈRE PARTIE

des sociétés.

J'arrive à une autre erreur de M. Michel Chevalier. Il me reproche d'avoir indiqué, comme le terme définitif des sociétés, l'égalité absolue. Ici encore il importe de bien nous entendre. Les hommes n'ayant ni les mêmes facultés ni les mêmes besoins, et ne pouvant vivre en société que par la mise en œuvre d'aptitudes essentiellement diverses, il est clair que prêcher l'égalité *absolue* serai un non-sens. Aussi ne saurais-je accepter la critique dans les termes qui la formulent. Mais ce que j'ai affirmé et ce que je répète volontiers, c'est que, si la *hiérarchie par capacités* est nécessaire et féconde, il n'en est pas de même de la *rétribution par capacités*. La mission de conduire des sociétés humaines n'est pas une si petite affaire qu'il soit permis de la ranger au nombre des choses dont on trafique : qui gouverne est tenu de se dévouer. Sans doute il faut que la rémunération soit suffisante pour rendre possible et facile l'exercice de la fonction ; mais on ne saurait mesurer l'importance de la fonction à celle du gain, sans dénaturer le pouvoir, sans le rabaisser outre mesure, sans en méconnaître l'essence et la grandeur.

D'ailleurs, c'est introduire dans la hiérarchie un principe d'ordre et de discipline que de faire du désintéressement une condition du pouvoir ; car c'est le rendre tout à la fois plus digne de respect et moins sujet à l'envie ; c'est couper court à la candidature des médiocrités cupides et remuantes, des ambitions grossières ; c'est convier à l'exercice de l'autorité ceux-là seuls qui s'y sentent appelés par le besoin de développer les hautes facultés de leur esprit et d'appliquer des idées utiles ; c'est faire de l'obéissance un acte de gratitude.

J'ai eu occasion de le dire ailleurs : l'homme qui s'adjuge, en vertu de sa supériorité intellectuelle, une plus large part des biens terrestres, perd le droit de maudire l'homme fort qui, aux époques de barbarie, asservissait les faibles en vertu de sa supériorité physique. Et si l'on répond que le talent a besoin d'être stimulé par la récompense, que l'utilité sociale l'exige, je demanderai à mon tour s'il est nécessaire que la récompense soit matérielle, qu'elle s'évalue en richesses ? Est-ce que les hommes vraiment supérieurs n'ont pas toujours cherché et trouvé leur principale récompense dans l'exercice même de leurs facultés ? Si la société eût voulu récompenser Newton, elle n'y eût pas suffi ; il n'y avait pour Newton qu'une récompense équitable : la joie qu'il dut ressentir quand son génie découvrit les lois qui régissent les mondes. Si les besoins sont l'indication que Dieu donne à la société, de ce qu'elle doit à l'individu, les facultés ne sont-elles pas l'indication que Dieu donne à l'individu de ce qu'il doit à la société ? Donc, d'après la loi divine écrite dans l'organisation de chaque homme, une intelligence plus grande suppose une action plus utile, mais non pas une rétribution plus considérable ; et l'inégalité des aptitudes ne saurait logiquement et légitimement aboutir qu'à l'inégalité des devoirs.

M. Michel Chevalier fait observer à ce sujet que dans notre pays les fonctions éminentes sont faiblement rétribuées. Il reconnaît donc que nos théories ne nous placent pas en dehors du mouvement qui emporte la société, et que nous ne sommes pas des utopistes ? Il aurait, au surplus, mauvaise grâce à le prétendre, dans un moment où notre système reçoit, bien qu'en un cercle restreint, les applications les plus heureuses et les plus significatives.

M. Michel Chevalier vante la concurrence comme stimulant ; mais de quelle nature est-il, ce stimulant ? De quelle manière lui est-il donné d'influer sur l'activité humaine ? La faim est un stimulant énergique : elle arme quelquefois les voleurs de grand chemin. La vengeance est un stimulant énergique : elle sollicite quelquefois au meurtre l'homme offensé. La cupidité est un stimulant énergique : elle enfante l'agiotage et ses scandales. Élèverons-nous des autels à la cupidité, à la vengeance et à la faim ?

Pour ce qui est du bon marché, créé, dit-on, par la concurrence, que représente-t-il ? Des économies faites sur la main-d'œuvre ou résultant dé l'emploi d'une machine nouvelle. Le bon marché ne donne donc aux consommateurs aisés que ce qu'il a enlevé aux producteurs pauvres. Le bon marché correspond toujours, sous l'empire de la concurrence, qui en fait un moyen de lutte, ou à une diminution générale des salaires ou à l'exercice meurtrier d'un monopole. De sorte que ce qui est un progrès pour les uns, devient, pour les autres, un surcroît de misère. Et le bonheur des heureux ne se compose, hélas ! à leur insu, que des douleurs croissantes du pauvre !

La concurrence, il est vrai, ne tourne pas toujours contre l'ouvrier. Quand il arrive que les produits sont demandés avec empressement là où les travailleurs sont rares, lès rôles se trouvent intervertis. C'est au maître à subir les conditions : l'ouvrier les dicte, et l'opprimé de la veille peut devenir l'oppresseur du lendemain.

Ici nous aurions à dire que de semblables circonstances ne se produisent que par exceptions ; que les riches ont, pour échapper au despotisme du moment, des ressources qui manquent aux pauvres ; que la loi elle-même punit les coalitions de maîtres beaucoup moins sévèrement que les coalitions d'ouvriers. Mais non ; laisser l'objection subsister dans toute sa force nous plaît davantage, et nous avons hâte de nous en emparer. Que la tyrannie vienne d'en haut ou d'en bas, il nous importe peu : dans l'un et l'autre cas elle nous est odieuse. Défenseurs et non point courtisans du peuple, nous ne voulons pas plus des désordres dont il serait exceptionnellement en état de profiter, que de ceux dont il a coutume de souffrir ; et nous déclarerions doublement funeste tout système qui ne permettrait aux prolétaires, foulés aux pieds, d'autre réparation que la vengeance, et d'autres fêtes que les saturnales de l'industrie.

Quant à la crainte de voir tout le monde mourir de faim, pour peu qu'on touche aux bases du régime actuel, est-ce bien sérieusement que. M. Michel Chevalier exprime cette crainte ? Comment ! tout le monde mourrait de faim lorsque l'ouvrier, travaillant pour lui-même, ferait avec zèle, application et rapidité, ce qu'il ne fait aujourd'hui qu'avec lenteur, avec répugnance, la malédiction sur les lèvres, et souvent, hélas ! la révolte dans l'âme ! Tout le monde mourrait de faim, lorsqu'il n'y aurait plus dans la société cette foule d'êtres parasites qui vivent aujourd'hui du désordre universel, lorsque la production ne s'accomplirait plus dans les ténèbres et au sein du chaos, ce qui entraîne l'encombrement des marchés et a fait dire à de savants économistes que, dans les États modernes, la misère provenait de l'excès même de la production ! Tout le monde mourrait de faim, lorsque, la concurrence disparaissant, nous n'aurions plus à déplorer cette incalculable déperdition des capitaux, laquelle résulte aujourd'hui des magasins qui se ferment, des ateliers qui s'écroulent, des faillites qui se succèdent, des marchandises qui restent invendues, des ouvriers qui chôment, des maladies qu'enfantent chez la classe laborieuse l'excès et la continuité du travail, de tous les désastres en un mot, qui naissent d'une compétition désordonnée, immense, universelle !

Il faut absolument que M. Michel Chevalier se rassure… du moins en ce qui concerne l'application de nos idées ; car il n'y a que trop lieu de s'effrayer à l'aspect du régime social actuel abandonné à son développement. Il me serait certes bien facile de prouver que ce régime n'assurant au peuple aucune garantie de bien-être, condamne la société à une existence aléatoire ; que cette liberté d'industrie dont on se vante n'existe que pour les possesseurs des instruments de travail ; qu'elle laisse le pauvre à la merci du hasard ; qu'elle se compose d'oppression et d'anarchie ; qu'elle ne fait qu'ajouter à la force des forts, à la richesse des riches, au crédit de ceux auxquels il est le moins nécessaire. Mais à Dieu ne plaise que je fasse appel ici aux classes pauvres, de manière à leur souffler de funestes impatiences ! La bourgeoisie est elle-même assez menacée pour qu'on s'adresse à elle et pour qu'on l'adjure de sonder sérieusement la situation. Eh ! comment le nier ? C'est au profit des gros capitaux que la concurrence s'exerce. Donc, après avoir pesé sur la petite propriété, elle pèsera sur la propriété moyenne : résultat inévitable et qui déjà se trahit par de frappants symptômes. Qu'on parcoure les campagne, elles sont soumises à la honteuse féodalité de l'usure. Qu'on étudie la vie industrielle des grandes cités, elle accuse de toutes parts la formation d'une oligarchie financière, au joug de laquelle il devient de plus en plus difficile d'échapper. L'artisan qui s'appartient a été remplacé par le journalier qui ne s'appartient pas ; les magasins modestes disparaissent, ruinés par les magasins somptueux : le luxe est devenu, dans les luttes de la concurrence, une arme sûre et meurtrière ; la ligue des gros capitaux enveloppe la bourgeoisie et tend à l'étouffer. Comment conjurera-t-on de tels périls ?

Contentons-nous, dit M. Michel Chevalier, de corriger la concurrence. Mais par quels procédés ? M. Michel Chevalier ne les indique pas, et nous serions fort curieux de les connaître. Quoi ! le principe étant accepté, on espère qu'il n'engendrera pas ses naturelles conséquences ! Quoi ! étant donnée la guerre, on se nourrit de cette étrange illusion qu'elle ne fera pas de victimes ! Mais le mal a sa logique comme le bien ; et quand on blâme la conclusion, je ne comprends pas qu'on s'obstine à conserver les prémisses. Or ici la conclusion c'est, je le répète, l'établissement d'un despotisme plus lourd cent fois et plus humiliant que le despotisme militaire. N'en est-on pas venu à livrer à un petit nombre d'hommes opulents le monopole des transports, c'est-à-dire le mouvement de l'industrie, son âme, sa vie, son souffle ? Ainsi donc laissez faire, laissez passer, payez-vous de mots sonores, glorifiez la sagesse des législateurs qui codifièrent l'anarchie au nom de la liberté : en attendant, au-dessus du peuple qui souffre, la bourgeoisie marche à une dissolution manifeste, dont ne la sauveront pas ses courtisans, s'ils se bornent à l'endormir au bruit de leurs flatteries.

Voici comment s'exprime *Le Commerce*, dans son numéro du 3 août 1841, au sujet de notre livre :

« Comment fonctionnerait le gouvernement devenu entrepreneur d'industrie ? Si nous en jugeons par les exemples que nous donne le ministre des travaux publics, nous pouvons présumer que ses procédés ne brilleraient ni par l'économie, ni par l'activité, ni par l'esprit d'entreprise et de perfectionnement. Encore concevons-nous que le gouvernement dirige des travaux en vue d'un service public, lorsque l'État est à la fois producteur et consommateur, ou en vue d'un produit perçu à titre d'impôt. Mais quand l'État sera devenu seul fabricant et chargé de pourvoir aux besoins de la consommation privée, quels moyens aura-t-il d'écouler ses produits, de chercher des débouchés soit au dedans, soit au dehors ? »

Si ces objections ne portaient point à faux, elles seraient fort graves assurément. Il est certain que l'État, devenu *entrepreneur d'industrie et chargé de pourvoir aux besoins de la consommation privée*, succomberait sous le poids de cette tâche immense. Je vais plus loin : en supposant qu'il y pût suffire, ce qu'on risquerait de trouver au bout d'un pareil système, ce serait la tyrannie, la violence exercée sur l'individu sous le masque du bien public, la perte de toute liberté, une sorte d'étouffement universel enfin. Mais qu'avons-nous donc proposé de semblable ? L'objection serait valable adressée au saint-simonisme. Mais qu'y a-t-il de commun entre notre système et les doctrines saint-simoniennes ? Nous avons dit que l'État devait être le régulateur de l'industrie : cela veut-il dire qu'il doit en exercer le monopole ? Nous ayons dit que l'État devait fonder des ateliers sociaux, fournir aux travailleurs des instruments de travail, rédiger des statuts industriels ayant forme et puissance de loi : cela veut-il dire que l'État doit se faire spéculateur, entrepreneur d'industriel ? Qui ne sent qu'on nous combat ici sur un terrain qui n'est pas le nôtre ? Qu'on relise notre projet : on verra que nous n'accordons aucune part au gouvernement dans la répartition des bénéfices obtenus par les ateliers sociaux ; le gouvernement n'est donc, dans notre système, ni monopoleur, ni spéculateur. Il est vrai que nous le faisons intervenir administrativement dans l'atelier social durant la première année de la fondation. Mais pourquoi confondre la base d'un système avec ce qui n'est qu'un moyen de le mettre en mouvement ? Qu'avons-nous dit ? « Pour la première année devant suivre l'établissement des ateliers sociaux, le gouvernement réglerait la hiérarchie des fonctions. *Après la première année il n'en serait plus de même.* Les travailleurs ayant eu le temps de s'apprécier l'un l'autre, et tous étant intéressés au succès de l'association, la hiérarchie sortirait du principe électif. » Ce qui signifie que la machine une fois montée, elle marcherait d'elle-même. L'État n'aurait plus qu'à surveiller l'observation des statuts comme il surveille l'exécution de toutes les lois. Seulement, ces statuts étant la mise en œuvre d'une doctrine d'association et de fraternité, l'industrie se trouverait bientôt engagée dans des voies toutes nouvelles, sans que l'État eût autre chose à faire qu'à écarter les obstacles que l'égoisme individuel tenterait d'opposer à ce mouvement. Qu'on le remarque bien : nous ne demandons pas, comme les saint-simoniens, que l'État fasse tout par lui-même ; nous demandons qu'il prenne l'initiative d'une révolution industrielle ayant pour objet la substitution du principe d'association au principe de concurrence. Nous ne demandons pas que l'État devienne entrepreneur d'industrie et concentre en ses mains tous les monopoles ; nous demandons qu'il intervienne pour fournir des instruments de travail à quelques sociétés de travailleurs, en imposant à ces sociétés une législation telle qu'il leur soit impossible de ne pas s'étendre insensiblement sur toute la surface du royaume.

« Il existe un pays qui, depuis trois siècles environ, pratique sur une vaste échelle un système à peu près semblable à celui que propose M. Louis Blanc ; c'est le Paraguay. Avant l'insurrection des colonies de l'Amérique du Sud, ce pays était soumis à un gouvernement théocratique qui réalisait complètement l'utopie de la communauté des biens et de la fraternité sociale. Apparemment ce gouvernement était conforme aux vœux des citoyens, puisque, délivrés de l'autorité de la métropole, ils voulurent le conserver sans autre altération que la substitution de la forme unitaire à la forme fédérative. Le directeur de la nouvelle organisation, le docteur Francia, perfectionna l'ancienne organisation, et il se maintint dans le rang où il a été placé, sans autre forme que l'assentiment unanime et persévérant du peuple. Raynal, après avoir décrit les institutions du Paraguay, d'après des témoignages qui n'ont pas été démentis, observe un phénomène qu'il ne peut expliquer. Il semble, dit-il, que les hommes devraient être extrêmement multipliés sous un gouvernement où personne n'est oisif, où personne n'est excédé de travail ; où la nourriture est saine, abondante, égale pour tous les citoyens, qui sont commodément vêtus ; où les vieillards, les veuves, les orphelins, ont des secours immenses sur le reste de la terre ; où tout le monde se marie par choix, sans intérêt, et où la multitude d'enfants est une consolation sans pouvoir être une charge ; où la débauche, inséparable de l'oisiveté qui corrompt l'opulence et la misère, ne hâte jamais le terme de la dégradation ou de la décadence de la vie humaine ; où rien n'irrite les passions factices et ne contrarie les appétits bien ordonnés ; où l'on jouit des avantages du commerce sans être exposé à la contagion des vices du luxe ; où des magasins abondants, des secours gratuits entre des nations confédérées par la fraternité d'une même religion sont une ressource assurée contre la disette qu'amène l'inconstance ou l'intempérie des saisons ; où la vengeance publique n'a jamais été dans la triste nécessité de condamner un seul criminel à la mort, à l'ignominie, à des peines de quelque durée ; où l'on ignore jusqu'au nom d'impôt et de procès, deux terribles fléaux qui travaillent partout l'espèce humaine : un tel pays devrait être, ce semble, le pays le plus peuplé de la terre. Cependant, il ne l'est pas. — Le fait est que, sur un territoire aussi étendu que celui de la France, le Paraguay ne compte peut-être pas cinq cent mille habitants. Il faut qu'une organisation fondée sur la communauté des biens contienne des vices bien profonds pour neutraliser tant de bienfaits. »[1]

Il nous serait aisé de montrer les différences radicales qui existent entre le système établi au Paraguay et celui que nous avons proposé. Admettons que le rapprochement soit exact : quel magnifique plaidoyer en faveur de nos conclusions que la citation qu'on vient de lire ! Comment ! la vertu, le bonheur, voilà ce qu'une société gagne à l'application des doctrines que vous combattez ! Et, pour les combattre, vous ne trouvez rien de mieux que de nous tracer le séduisant tableau des avantages qu'elles procurent ! « Le Paraguay devrait être le pays le plus peuplé de la terre ; cependant, il ne l'est pas. » Qu'importe si ceux qui l'habitent sont à la fois bons et heureux ? Qu'importe si, selon l'expression de Raynal, *rien ne hâte chez eux le terme de la dégradation ou de la décadence de la vie humaine* ? L'accroissement de la population serait-il toujours, d'aventure, un symptôme de prospérité ? Rappelons-nous que les naissances, à Paris, sont d'un trente-deuxième de la population dans les quartiers les plus aisés, tandis que, dans les

1 Voir *le Commerce*, n° du 3 août 1841.

Louis Blanc

quartiers les plus misérables, elles s'élèvent à un vingt-sixième. Plût au ciel que, dans notre pays, cet accroissement de population, dont se félicitent si bruyamment des économistes à courte vue, n'eût pas été si considérable et si rapide ! Ah ! vous croyez d'une manière absolue que l'accroissement de la population est un bien ? Regardez donc autour de tous : ce sont des affamés qui pullulent. Notre patrie sera bientôt trop petite pour nous contenir ; ne le voyez-vous pas ? Et déjà, n'en sommes-nous point à nous mesurer des yeux les uns les autres, en attendant l'heure de nous entre-dévorer ? Laissons les conquérants demander aux mères d'être fécondes ; il leur faut des hommes qui naissent, puisqu'il leur faut des hommes qu'on tue.

« Si la concurrence était une cause nécessaire de misère et de ruine, comment expliquer la prospérité des États-Unis d'Amérique, le pays de la concurrence ? »[1]

Rien de plus facile. Les Américains ne sont pas pressés comme nous dans un pays dont il leur soit impossible de reculer à leur gré les limites. Ce qui les a sauvés jusqu'ici, en partie du moins, des fléaux de la concurrence, c'est tout simplement l'espace. Mais quoi ! cette logique qui a précipité violemment les Anglais hors de leur île, et leur a fait considérer le globe comme un marché àconquérir, cette logique inexorable n'exerce-t-elle pas déjà son empire en Amérique ? La question des débouchés n'y acquiert-elle pas de jour en jour cette fatale importance qu'elle a toujours eue et qu'elle a aujourd'hui encore en Angleterre ? N'avons-nous pas entendu un président des États-Unis, le général Jackson, gémir à la face du monde des dangers dont son pays était menacé par le développement extrême du crédit, par l'ardeur des spéculations privées, par l'extravagance des désirs qu'allume dans les âmes une compétition sans bornes ? Nous ne parlons pas des vices qui naissent naturellement de l'impulsion déréglée que la concurrence imprime en Amérique au génie individuel : la cupidité, l'égoïsme, la mauvaise foi, le grossièreté des idées et des mœurs.

La concurrence, c'est tôt ou tard l'oppression : l'Amérique le prouve déjà. Les vices de l'ordre social adopté par les Américains menacent d'une sérieuse atteinte le principe d'égalité qui sert de fondement à leurs institutions politiques. Que le régime des banques soit maintenu aux États-Unis, le régime démocratique y succombe. Jackson l'a déclaré

---

1 Voir *le Commerce*, n° déjà cité.

hautement, et son opinion sur ce point est celle de tous les partisans sincères de la démocratie américaine. Ce résultat vaut la peine qu'on l'approfondisse !

« Le reproche capital à faire au projet de M. Louis Blanc, c'est que, destiné à anéantir la concurrence par l'association, il n'est qu'un système de concurrence et nullement d'association. Il porte en lui-même ce germe impur, qui n'aurait pas dû échapper à l'esprit pénétrant de son auteur.

« En effet, M. Louis Blanc admet les capitalistes dans l'association, à la condition de toucher l'intérêt du capital, par eux versé, *sans participer aux bénéfices, si ce n'est en qualité de travailleurs.*

« Ainsi les capitalistes auront droit à une rente fixe, sans variation, suivant les bénéfices ou les pertes de l'atelier social. Loin d'être associés avec les travailleurs, ils ont intérêt à obtenir le revenu le plus élevé de leurs capitaux, et les travailleurs ont un intérêt contraire. Voilà donc entre ces deux agents de la production, les capitalistes et les travailleurs, une opposition flagrante, et par suite le mensonge, la fraude, la haine, c'est-à-dire la concurrence même et tous ses fruits. Mais pour un économiste le capital n'est point le numéraire seul, ce qui pourrait réduire les intérêts hostiles à un cercle assez restreint ; dans ce mot sont compris tous les instruments de travail, toutes les sources de produit, une face entière de la production. Ainsi les propriétaires de terrains, d'usines, de bestiaux, d'immeubles et de meubles sont entièrement divisés d'avec les travailleurs. La concurrence, qui devait être vaincue dans ce projet, en reçoit une consécration solennelle. »[1]

Celui qui nous adresse cette objection a-t-il bien réfléchi aux causes qui font naître aujourd'hui entre les capitalistes et les travailleurs cette *opposition flagrante* qu'il redoute, même dans l'application de notre système ? Appelés à fournir dans l'œuvre de la production, ceux-ci les instruments de travail, ceux-là le travail, les capitalistes et les travailleurs entrent en lutte aujourd'hui : pourquoi ? parce que rien ne régularise leurs rapports, parce que c'est l'arbitraire qui y préside, parce que le capitaliste spécule sur le besoin que le travailleur éprouve de se procurer des instruments, tandis que de son côté le travailleur cherche à tirer parti du besoin qu'éprouve le capitaliste de faire fructifier son capital. Notre système place les membres de l'atelier social et les

---

[1] *Revue de l'Aveyron et du Lot*, n° du 1er mars 1841.

capitalistes dans des conditions toutes différentes les uns à l'égard des autres. L'atelier social, qu'on ne l'oublie point, possède un capital que l'État lui a fourni, qui est collectif, qui est destiné à s'accroître indéfiniment, qui appartient en propre à l'association. Les travailleurs ici peuvent par conséquent se suffire à eux-mêmes, le taux de l'intérêt une fois fixé, — et rien n'empêcherait qu'on ne le fixât législativement à des époques déterminées, — les capitalistes qui offrent leurs services à l'atelier social, aux conditions fixées d'avance, sont admis ; ceux, au contraire, que ces conditions ne satisfont pas, gardent leur argent, dont l'atelier peut se passer. Notre système crée à l'atelier social une situation telle, que le concours des capitalistes lui est toujours *utile*, sans lui être jamais *nécessaire* ; donc, pas de débats possibles.

Il y a mieux : à mesure que notre système se développe, le capital collectif s'accroît ; la généralité des travailleurs devient de plus en plus indépendante ; les occasions de placement individuel de jour en jour diminuent ; la tyrannie du capital est frappée au cœur.

« Quand vous variez le salaire proportionnellement à la hiérarchie des fonctions, c'est sans doute que vous reconnaissez que tout travail, n'étant pas d'égale qualité, n'a pas droit à la même rétribution. Pourquoi donc, sur les bénéfices, rétablissez-vous l'égalité que vous condamnez comme injuste dans le salaire ?»[1]

Nous avions prévu cette objection, et nous y avions répondu d'avance en ces termes : « Comme l'éducation fausse et antisociale donnée à la génération actuelle ne permet pas de chercher ailleurs que dans un surcroît de rétribution un motif d'émulation et d'encouragement, la différence des salaires serait graduée sur la hiérarchie des fonctions, une éducation toute nouvelle devant sur ce point changer les idées et les mœurs. » Ce n'est donc pas comme injuste que nous condamnons, quant à présent, l'égalité dans le salaire, mais comme portant une atteinte trop brusque à des habitudes que l'éducation seule aura, selon nous, la puissance de changer. L'égalité que nous admettons dans la répartition des bénéfices est une transition suffisamment ménagée entre ce qui est et ce qui doit être ; car, nous l'avons dit et nous le répétons, un jour viendra où il sera reconnu que celui-là doit plus à ses semblables qui a reçu de Dieu plus de force et plus d'intelligence ; alors il appartiendra au génie, et cela est digne de lui, de constater son légitime empire, non par l'importance du tribut qu'il lèvera sur la société, mais par la grandeur

---

1 *Revue de l'Aveyron*, n° du 1er mai 1844.

des services qu'il lui rendra, l'inégalité des aptitudes devant aboutir à l'inégalité des devoirs et non pas à celle des droits.

« D'après le projet, les fonctions seraient réglées par le gouvernement la première année ; mais, dès la seconde, la hiérarchie sortirait du principe électif.

« Si jamais le lecteur a assisté ou pris part aux élections municipales, départementales ou parlementaires, il sait combien d'intrigues, de mensonges, de calomnies, de fallacieuses promesses, d'immorales menaces sont dépensés dans ces luttes ; il n'ignore pas que c'est une occasion de brouillerie pour les familles et de démoralisation pour un pays ; et sauf quelques citoyens traînards du vieux libéralisme, qui s'imaginent que la vie même d'une nation consiste à se battre, tout citoyen sensé voit approcher avec douleur l'époque de ces agitations périodiques qui font remonter à la surface de la société toute l'écume des mauvaises passions. Il ne s'agit pourtant que d'intérêts éloignés et mal compris, tout au plus de quelque faveur locale ou personnelle à garantir par certains choix. Que serait-ce donc si on livrait au scrutin le sort de chacun, le présent et l'avenir des familles ! si au lieu d'un candidat à désigner, les citoyens devaient s'assigner eux-mêmes leur rang social, mesure de leur droit à la considération et à la fortune ! Combien voudraient être, je ne dis pas les derniers, mais seulement de la seconde, de la troisième catégorie ! Où serait le balancier régulateur de la cupidité individuelle ? »[1]

Oui, dans les élections municipales, départementales ou parlementaires, il s'agit d'intérêts éloignés ou mal compris ; et c'est précisément à cause de cela qu'elles sont la source de tant d'agitations et de cabales. Comment, d'ailleurs, ne voyez-vous pas que l'anarchie électorale n'est elle-même qu'une conséquence de cet état de désordre et d'antagonisme produit dans la société actuelle par la distinction des classes, la diversité des intérêts, la divergence des efforts ?

Introduisez le principe électif dans une association dont tous les membres marchent vers un but commun et soient tous également intéressés à la prospérité de l'œuvre commune, les choses ne vont-elles pas changer de face ? Et que sera-ce donc si au lieu de donner leur suffrage par instinct plutôt que par science, et souvent au gré des passions les plus aveugles, les électeurs peuvent choisir en parfaite connaissance de

---

1 *Revue de l'Aveyron et du lot*, n° du 1er mai 1844.

Louis Blanc

cause, dans une sphère où s'écoule leur vie tout entière, en un mot sous l'influence de leur intérêt bien compris.

Pour faire un bon choix, deux conditions sont nécessaires : l'intérêt et la capacité. Eh bien ! les membres de l'atelier social réunissent évidemment ces deux conditions. Ils ont intérêt à bien choisir, puisque de leurs choix dépend le succès de l'association dont ils se partagent entre eux les bénéfices ; ils ont la capacité de bien choisir, puisque, se voyant les uns les autres à toute heure du jour, et travaillant ensemble, rien ne leur manque de ce qui constitue les éléments d'une saine appréciation. Un ouvrier est-il en état d'apprécier son contre-maître ? Un ouvrier qui doit recueillir pour sa part les fruits de l'habileté de son chef se donnera-t-il de gaîté de cœur un chef inhabile ? Voilà toute la question.

« M. Louis Blanc admet que l'État, fondant les ateliers sociaux, réglera la première année les fonctions et les bénéfices. Si une fois il le fait, et le fait bien, pourquoi le dénantir de ce privilège ? »[1]

De peur qu'il ne finisse par abuser, de l'énorme pouvoir que lui conférerait le système, parvenu à son dernier degré de développement ; et aussi de peur que la tâche pour lui ne devienne trop lourde lorsqu'il aurait à régler administrativement, non plus tel ou tel atelier, mais toutes les branches de l'industrie.

Évitons l'écueil contre lequel est venu échouer le saint-simonisme. Les fondateurs de cette doctrine avaient bien vu que, seule, la main de l'État était assez forte pour détourner la société du chemin des abîmes ; mais, trop préoccupés des avantages de l'initiative gouvernementale, ils dépassèrent le but. Au lieu de confier à l'État le soin de diriger, de régulariser le mouvement industriel, ils lui imposèrent l'obligation de réglementer l'industrie dans tous ses détails ; de là, tout à la fois, impossibilité d'action et possibilité de tyrannie.

Certes, nous ne sommes pas de ceux qui crient anathème au principe d'autorité. Ce principe, nous avons eu mille fois occasion de le défendre contre des attaques aussi dangereuses qu'ineptes. Nous savons que, lorsque, dans une société, la force organisée n'est nulle part, le despotisme est partout. Il n'est pas une ligne, dans ce petit livre, qui ne soit, de notre part, une douloureuse protestation contre le lâche abandon des pauvres, abandon qu'on ose appeler la liberté !

---

1 *Revue de l'Aveyron et du Lot*, n° du 8 mars 1841.

Mais si nous voulons un pouvoir vigoureux et actif, nous sentons, d'un autre côté, qu'il y aurait folie à le supposer infaillible ; nous ne nous dissimulons pas qu'un gouvernement, quel que soit le mérite de l'organisation politique qui lui aura donné naissance, se compose d'hommes accessibles à des erreurs et à des passions dont l'existence de la société ne saurait dépendre. Le problème à résoudre, pour nous, a donc été celui-ci : créer au pouvoir une grande force d'initiative, en évitant toutefois d'absorber dans la vie du pouvoir celle de la société.

« L'État fournirait les premiers fonds. Cependant, il ne paraît pas qu'il soit admis à participer aux bénéfices, ni à percevoir aucun intérêt. Cette différence de l'État aux autres capitalistes n'est pas juste. »[1]

Et pourquoi donc n'est-elle pas juste ? Est-ce que vous considérez l'État comme un spéculateur ? est-ce qu'il a un intérêt distinct de celui de cette société qu'il représente et qu'il résume ?

« Une part des bénéfices serait consacrée à l'allégement des crises qui pèseraient sur d'autres industries, toutes les industries se devant aidé et secours. Très-bien ! si les autres industries faisaient part de leurs bénéfices à l'atelier social ; mais cela ne pouvant être jusqu'à leur propre organisation, il y aurait injustice. »[2]

Aussi n'est-ce qu'entre les diverses industries *socialement organisées* que doit avoir lieu, suivant notre projet, cette mutuelle assistance.

« Une autre part des bénéfices serait consacrée à fournir des instruments de travail à ceux qui voudraient faire partie de l'association.
— Il faudrait ajouter que le prix en serait retenu sur le salaire ; que ce serait une avance, non un cadeau, sous peine d'injustice ; car le capital étant fourni par l'État, donner gratuitement des instruments de travail à certains ouvriers, c'est dépouiller le grand nombre au profit du petit nombre. »[3]

Vous auriez raison si le système proposé n'était pas destiné à se développer de façon à comprendre l'universalité des travailleurs. Mais c'est pour arriver à ce résultat que nous détachons du capital possédé par l'atelier social une part qui ne doit être employée qu'à son agrandissement, et qui, par conséquent, appartient d'avance à tous les travailleurs sans exception. Retenir sur le salaire de l'ouvrier le prix des

1 *Revue de l'Aveyron et du Lot*, n° du 10 mars 1841.

2 *Revue de l'Aveyron et du Lot*, n° du 10 mars 1841.

3 *Ibidem.*

Louis Blanc

instruments qui lui sont nécessaires pour vivre et pour servir la société dont il fait partie, ce serait une injustice et une cruauté ? Pitt lui-même l'a dit, l'État doit aux hommes du peuple du travail ou du pain.

« L'organisation du travail commencerait par l'industrie, tandis qu'elle devrait débuter par l'industrie combinée avec l'agriculture. »[1]

Et pourquoi donc compliquer inutilement les difficultés ? Qu'importe que la révolution commence par la réforme industrielle ? L'essentiel est qu'à cette réforme vienne se lier la réforme agricole. Or, nous n'avons eu garde d'oublier cette nécessaire alliance. (Voir page 115.)

« La conception de M. Louis Blanc est une conception essentiellement saint-simonienne. Saint-Simon, en effet, n'a cessé de solliciter le pouvoir de prendre la direction de l'industrie, en créant des ateliers soumis à des statuts de fabrique gouvernementale, et dans lesquels le pouvoir devait attribuer à chacun sa fonction, son rang dans la hiérarchie industrielle, et sa part dans les produits ou bénéfices. »[2]

Nous avons déjà répondu à ce reproche, et il est surprenant qu'il nous soit adressé par un journal phalanstérien, c'est-à-dire par un journal consacré à l'étude des diverses doctrines socialistes.

Entre le système de Saint-Simon et celui qui est exposé dans ce livre, la différence est manifeste, elle est radicale ; elle est en même temps théorique et pratique.

Dans la doctrine de Saint-Simon, le pouvoir est tout, il fait tout : après avoir tiré en quelque sorte de son propre sein le droit de s'imposer à la société, il la façonne à son gré : c'est lui qui classe les capacités, c'est lui qui distribue les fonctions, c'est lui qui préside au travail de tous, c'est lui qui pourvoit à la distribution des richesses. Dans la doctrine de Saint-Simon, l'État, c'est le pape de l'industrie. Dans notre projet, au contraire, l'État ne fait que donner au travail une législation, en vertu de laquelle le mouvement industriel peut et doit s'accomplir en toute liberté ; il ne fait que placer la société sur une pente qu'elle descend, une fois qu'elle y est placée, par la seule force des choses et par une suite naturelle des lois du mécanisme établi.

Dans la doctrine saint-simonienne, la hiérarchie s'établit essentiellement par l'élection d'en haut. Dans notre projet, au contraire, la hiérarchie s'établit essentiellement par l'élection d'en bas.

1 *Revue de l'Aveyron et du Lot*, n° du 10 mars 1841.

2 *Phalange*, n° du 25 septembre 1840.

Dans la doctrine saint-simonienne, l'intervention de l'État dans l'industrie est permanente ; dans notre projet, elle n'est en quelque sorte que primordiale.

Dans la doctrine saint-simonienne, l'action de la société s'efface entièrement derrière l'action du pouvoir. Dans notre projet, la société reçoit l'impulsion du pouvoir ; mais, son impulsion reçue, elle ne reste plus soumise qu'à sa surveillance.

Dans la doctrine saint-simonienne, le problème de la répartition des bénéfices est résolu par cette fameuse formule : *à chacun suivant sa capacité ; à chaque capacité suivant ses œuvres*. Dans notre projet, l'inégalité d'aptitude n'est assignée pour base à la différence de rétribution que transitoirement et avec des restrictions importantes. De telle sorte que ce qui forme le principe de la morale saint-simonienne n'est, dans notre projet, qu'une concession nécessaire à des idées que nous regardons comme fausses, et sur lesquelles nous voulons que, l'éducation fasse prévaloir les notions d'une morale supérieure.

Ainsi donc, entre le système de Saint-Simon et le nôtre il n'y a rien de commun, ni le but final, ni les moyens, ni la morale.

« Quant aux capitalistes, M. Louis Blanc, qui veut bien que l'intérêt de leur argent soit garanti sur le budget, les exclut de toute participation aux bénéfices réalisés par l'atelier. Nous nous bornerons sur cette étrange exclusion aux deux remarques suivantes : la première que c'est fort mal entendre la cause des classes ouvrières que de ne pas intéresser directement les capitalistes à l'amélioration de leur sort. Et, en effet, si les établissements dont il est question doivent améliorer la position de ces classes, il importe de les multiplier ; et le meilleur moyen d'arriver à ce résultat, c'est de faire qu'ils soient un bon placement pour les capitaux : il faut donc que les capitaux aient part aux bénéfices. Notre seconde remarque sera celle-ci : le capital, en tant que faculté concourant à la production, a-t-il ou n'a-t-il pas la légitimité des autres facultés productives ? Voilà la question, s'il est illégitime, il prétend illégitimement à une part dans la production, il faut l'exclure, il n'a pas d'intérêt à recevoir ; si, au contraire, il est légitime, il ne saurait être légitimement exclu de participer à des bénéfices à l'accroissement desquels il a concouru. »[1]

La question est posée d'une manière très-confuse dans les lignes qui

_____

[1] *Phalange*, n° du 23 septembre 1840.

précèdent. L'écrivain a sans doute voulu nous demander si, d'après notre opinion, il était équitable d'accorder au capitaliste, dans les bénéfices de la production, une part égale à celle du travailleur.

Eh bien ! nous répondons sans hésiter que ce serait là, dans une société normale, le comble de l'absurdité et de l'injustice. Comment ! voici un individu qui a trouvé dans la succession paternelle un million, bien ou mal acquis, par son trisaïeul. Riche, parce qu'*il s'est donné la peine de naître*, comme le noble de Beaumarchais, il daigne permettre à l'industrie de faire fructifier ce million. Du reste, il passe ses jours à la chasse, il court les spectacles et les promenades, il emploie ses veilles au jeu, il use sa vie tout entière dans des plaisirs ou des occupations qui n'ont pour but que la satisfaction de son égoïsme. Et parce qu'il n'aura pas stupidement enfoui dans la terre cette valeur d'un million qui existerait sans lui, qui existait avant lui, qu'il ignore l'art de féconder, dont il ne sait enfin que toucher et consommer le revenu, vous lui accorderez dans les fruits de la production une part égale à celle de l'homme intelligent et laborieux par qui cette richesse est accrue, mise au service de tous, et dont la vie n'est qu'un sacrifice perpétuel à la société ! Quelle justice distributive, bon Dieu ! Et que penser de ceux qui, voulant réformer le monde, ne voient pas dans une semblable répartition des bénéfices une brutale violation de toutes les lois de la justice et un outrage à la raison humaine !

Direz-vous que le capital n'est pas, dans l'œuvre de la production, un élément moins indispensable que le travail lui-même ? Entendons-nous. De ce que le capital et le travail sont deux éléments également nécessaires à la création des richesses, devons-nous conclure qu'au point de vue de l'équité, le capitaliste et le travailleur sont deux agents également méritoires ? Une telle conclusion serait extravagante.

Direz-vous que tous les capitalistes ne sont pas des oisifs ? D'accord. Mais pourquoi faire si grande la part de ceux qui le sont ? et dans ceux qui ne le sont pas, pourquoi rétribuer l'homme riche plus ou autant que l'homme actif ?

Direz-vous que si cela est peu équitable, cela est du moins utile ? Mais, d'abord, c'est une pauvre philosophie, et bien usée, que celle qui sépare ce qui est utile de ce qui est juste. Et puis, qu'osez-vous prétendre ? Comment la société pourrait-elle trouver son profit à mettre sur la même ligne les services*impersonnels* que lui rend le capitaliste et les services *personnels* que lui rend le travailleur ? Le travail meurt avec le travailleur : le capital meurt-il avec le capitaliste ? Il n'y a rien d'impossible dans l'existence d'une association vivant sur un capital collectif, et l'histoire nous offre plus d'un exemple de ces sortes d'associations. Ainsi, l'on peut concevoir une société sans capitalistes : une société sans travailleurs se peut-elle concevoir ? Donc, bien que le capital et le travail soient également nécessaires, les capitalistes et les travailleurs ne le sont pas également. L'existence des sociétés ne dépend pas des premiers d'une manière absolue, tandis qu'elle dépend d'une manière absolue des seconds. Dès lors n'est-il pas manifeste que si les seconds sont moins bien traités que les premiers, cela vient de ce que toutes les notions du juste et du vrai ont été renversées, et de ce que la civilisation a fait fausse route ?

Direz-vous qu'il n'en saurait être différemment ? Prenez garde ! Si vous partez de là, vous perdez le droit de parler d'équité, de morale, de progrès ; vous perdez le droit de parler de Dieu. La Providence disparaît pour faire place au plus aveugle, au plus grossier fatalisme.

Revenons au dilemme dont nous avons reproduit les termes : « *S'il est illégitime* (le capital), *il prétend illégitimement à une part dans la production, il faut l'exclure, il n'a pas d'intérêt à recevoir.* Ceci n'est qu'un sophisme. Les disciples de Fourier savent aussi bien que nous combien est grande la puissance des faits existants. Bien ou mal constituée, la société est ce que l'ont faite des idées fausses, de tristes préjugés, une ignorance générale, et des iniquités traditionnelles qui ont plusieurs siècles de durée. Il faut bien tenir compte de tout cela si on veut arriver à une solution pratique. Nous demandons que l'atelier social paye aux capitalistes l'intérêt de leur argent, et un intérêt élevé : 1° parce qu'il importe que les établissements proposés ne repoussent aucun des moyens qui sont de nature à favoriser leur développement ; 2° parce que notre projet ayant pour but une rénovation qui doit finir par embrasser la société tout entière, il importe que le capitalistes soient sollicités aussi vivement que possible à entrer dans l'association générale, de manière à ce que la concentration de toutes les forces éparses s'opère avec rapidité.

« *Le meilleur moyen d'atteindre ce résultat, c'est de faire que les capitaux aient part aux* « *bénéfices.* »

Nous ne nions pas que, dans ce cas, l'attrait ne fût plus grand pour les capitalistes. Mais la question est de savoir si, pour les attirer, il ne suffirait pas de leur offrir de leur argent un intérêt aussi et plus considérable que celui que l'État aujourd'hui paye aux rentiers. Car si cela devait suffire, aller au delà serait une folie, puisque ce serait sacrifier sans utilité la rigueur des principes. Or, nous disons que, les ateliers sociaux une fois en mouvement, les capitalistes seraient d'autant plus portés à y entrer, que, par suite du progrès de ces établissements, les occasions de placement individuel diminueraient de jour en jour.

Nous demanderez-vous quelle raison nous porte, l'absorption des capitaux individuels étant rendue tôt ou tard inévitable par notre projet, à ménager si fort les capitalistes, et à leur adoucir à ce point une pente qu'il ne leur serait pas possible de ne pas descendre ? La raison qui nous porte à ces ménagements, ce n'est pas seulement le désir de transiger avec des répugnances trop nombreuses et des préjugés trop profondément enracinés ; c'est plus et mieux que cela. Réformer la société, sans la bouleverser : donner aux intérêts une direction plus féconde et plus tutélaire, sans ébranler avec une impatience sauvage les existences fondées même sur les abus qu'on cherche à détruire ; préparer l'avenir, en un mot, sans rompre violemment avec tout le passé… est-ce un calcul seulement ? Non ; c'est un devoir.

« Il manque à la critique de M. Louis Blanc une chose essentielle, et sans laquelle elle est en quelque sorte privée d'appui ; nous voulons parler de la détermination des faits auxquels on doit rapporter la concurrence ; car cette concurrence anarchique, si justement condamnée par M. Louis Blanc, pour les déplorables conséquences qu'elle engendre, est d'abord un effet avant d'être une cause. Or, n'est-il pas de toute nécessité, si l'on veut arriver à des conclusions rigoureuses, de déterminer l'ordre de faits auquel la concurrence doit être rapportée ? Eh bien ! c'est ce que M. Louis Blanc a complètement oublié de faire.

« Nous lisons bien cette phrase au milieu de son article : *De l'individualisme, ai-je dit, sort la concurrence.* Mais nous avons vainement cherché dans tout le cours de l'article un passage seulement où M. Louis Blanc eût pris la peine de faire la théorie de la génération de la concurrence par l'individualisme. Nous sommes encore à le trouver. — D'ailleurs, qu'entend-il ici par *individualisme* ? On ne saurait entendre par ce mot le morcellement des industries, l'isolement des familles constituant autant de groupes industriels séparés, insolidaires et forcés de se faire la guerre, c'est-à-dire d'exercer la concurrence en mode anarchique. De ce morcellement industriel, de cet isolement des familles, M. Louis Blanc ne dit pas un mot. Voilà pourtant la grande cause de la concurrence qu'il déplore, la grande source de toutes les misères industrielles et morales sur lesquelles il appelle l'attention des publicistes et du pouvoir. N'est-ce pas une chose vraiment bien étrange qu'un pareil oubli ? Quoi ! vous venez nous proposer un remède pour certaines plaies sociales, vous prétendez que ce remède est logique, rationnel ; vous voulez que notre raison en juge, et vous oubliez de nous parler des causes qui engendrent ces plaies ! »[1]

Le rédacteur de la *Revue de l'Aveyron et du Lot* a répondu d'avance, et pour nous, à cette objection des rédacteurs de *la Phalange*. Nous reproduisons cette réponse, qui est victorieuse :

« Pour guérir les maux de la concurrence, a-t-on dit à M. Louis Blanc (*la Phalange*, n° du 23 septembre 1840), il aurait dû remonter jusqu'à la cause même de cette concurrence, qui est le morcellement industriel, l'isolement des familles, et attaquer le mal sans sa source, ce qu'il n'a point fait. — Ce reproche me semble injuste.

« La concurrence, dans son sens vrai (*cum currere*, courir ensemble), est la prétention simultanée de divers individus au même produit, prétention qui entraîne la lutte. Cette prétention est un fait primitif, découlant de la nature humaine ; elle n'est pas le produit de l'isolement familial, ni du morcellement industriel. La concurrence est entre hommes ce qu'est le morcellement entre instruments de travail. Ce sont des faits coexistants, solidaires, s'engendrant mutuellement. Il est bien vrai que l'association substituée à l'isolement familial accroîtrait la production, mais la concurrence ni la lutte ne seraient point abolies par cela même, sans le concours de beaucoup d'autres conditions. C'est tellement vrai, que, dans l'industrie comme dans l'agriculture, comme dans le commerce, le travail, loin de s'effectuer par ménages et familles isolés, s'exécute en réalité très-souvent par de nombreuses réunions d'hommes, appartenant à diverses familles, rapprochés sous certaines conditions. On peut même soutenir en toute vérité que la production en familles isolées (mode morcelé) n'existe réellement nulle part et se conçoit à peine. Puisque le capital, le travail et le talent sont les trois éléments de la production, il faudrait supposer une famille qui se suffît à elle-même et n'empruntât jamais les bras d'autrui, ni les instruments, ou les denrées, ou les avances d'autrui, en un mot une famille complètement isolée de toute relation humaine, ce qui est tout au plus le cas de quelques sauvages. Dans toutes nos

1 *Phalange*, n° du 23 septembre 1840.

Louis Blanc

sociétés, les familles sont depuis longtemps sorties de cet isolement, et dans l'œuvre de la production elles se sont constamment associées entre elles, d'une manière imparfaite, il est vrai, et non intégrale, par l'échange mutuel, le prêt ou le louage des instruments, des talents, des bras. Le morcellement absolu qui correspondrait à cet isolément absolu n'est pas moins chimérique. Ainsi, ni l'un ni l'autre ne peuvent être les causes génératrices de la concurrence. La concurrence, je le répète, et le morcellement sont deux faits primitifs de deux ordres parallèles, et se fortifient mutuellement. Attaquez la concurrence, du même coup vous frappez le morcellement ; détruisez le morcellement, vous atteignez la concurrence. L'isolement familial, qui tient à la fois du morcellement par les instruments de travail et de la concurrence par les agents, suivra nécessairement le sort de l'un et de l'autre.

« Ainsi, M. Louis Blanc aborde le problème de l'organisation du travail à sa hauteur convenable, en visant droit à la concurrence.»[1]

Le Constitutionnel a consacré à l'exposition de notre projet un article plein de bienveillance pour nous. Malheureusement nos idées y sont exposées, non discutées. L'auteur se borne à nous reprocher en termes vagues l'exagération de nos prémisses et le tour absolu de nos conclusions. Qu'est-ce à dire ? Les faits sur lesquels nous nous sommes appuyé, ce sont pour la plupart des chiffres extraits de rapports officiels. Quant aux conclusions que nous en avons tirées, le lecteur est en état de juger combien d'efforts nous avons faits pour en plier la logique à la nécessité de ménager les transitions.

« L'atmosphère des intérêts, dit l'auteur de l'article dont il s'agit, a peut-être besoin, comme le nôtre, d'orages qui l'épurent, et il est certain que, quelle qu'en soit la violence, l'équilibre se rétablit à la longue.»[2]

Mais le mal que nous avons décrit est-il donc un mal accidentel ? Ces milliers d'ouvriers que la misère prend au berceau pour les conduire jusqu'à la tombe ne souffrent-ils pas d'une manière permanente et continue ? N'est-elle pas de tous les jours, de tous les instants, cette affreuse lutte qui engendre les vices les plus hideux, châtiés par les plus cruels désastres ? Les crises industrielles, si c'est là ce que vous entendez par ce mot *orage*, les crises industrielles sont une aggravation momentanée du mal ? mais sont-elles tout le mal ? Et en quoi les jugez-

---

1 *Revue de l'Aveyron et du Lot*, n° du 15 février 1841.

2 *Constitutionnel*, n° du 19 décembre 1840

vous propres à épurer l'atmosphère des intérêts ?

La société se trouve-t-elle en meilleure voie le lendemain de ces *sauve-qui-peut* de l'industrie où nous voyons des ateliers qui se ferment, des capitaux qui se cachent ou sont anéantis, des faillites qui enfantent des faillites, des fortunes qui se renversent les unes sur les autres, et là pâle multitude des prolétaires sans travail qui cherche son pain entre l'insurrection et l'aumône ? L'équilibre se rétablit à la longue ? Hélas ! ne comprenez-vous pas que vous transportez dans l'histoire de l'industrie ce mot fameux qu'il faudrait laisser aux sanglantes annales de la politique : L'ordre règne à Varsovie !

C'est une chose vraiment étrange que l'obstination que nous mettons, dans ce prétendu siècle de lumières, à nous entourer de ténèbres pour ne point apercevoir les plaies qui nous rongent : Nier les blessures est-ce les fermer ? Que nous ressemblons bien à ce philosophe de l'antiquité qui, en proie aux plus vives souffrances, s'écriait ! « Ô douleur ! tu ne me forceras pas à *avouer que tu sois un mal !* » Orgueil puéril ! occupons-nous de chasser la maladie, nous n'aurons pas besoin de nous mentir à nous-mêmes pour la braver.

Mais il y a des gens qui font à Dieu cet outrage d'affirmer que le mal est immortel ! Voici ce que *le Globe* opposait à notre système :

« Qui niera les plaies de l'ordre social actuel ? Ce ne sera certes pas nous. Nous avons vu l'Africain que l'on nomme esclave, et l'Européen que l'on nomme citoyen : nous les avons suivis tous deux dans les diverses phases de leur existence de prolétaire ; et, certes, nous savons de quel côté est la plus forte somme de misères. Mais ces infortunes matérielles sur lesquelles on revient souvent, et qui servent de pâture quotidienne aux publications du parti radical, révèlent-elles un état aussi anormal qu'on veut bien le dire, un état dont il faille sortir à tout prix ? Ne sont-elles pas au contraire, à quelques modifications près (bien faits d'une législation plus ou moins parfaite), fatalement inhérentes à l'existence de toutes le sociétés humaines ? Je ne veux pas appeler d'autre argument à la démonstration de cette vérité que celui que vous me fournirez vous-mêmes : Le riche dites-vous, succombe lentement à de mystérieuses blessures, et fléchit peu à peu au sein d'un bonheur apparent, sous le poids d'une commune souffrance.

« Avez-vous songé, en écrivant ces lignes, à la déduction philosophique qui en découlait si naturellement ? vous ne savez en tirer que celle-ci :

C'est la misère du pauvre qui fait la douleur du riche. Étrange aberration d'une philosophie matérialiste qui se heurte aux vérités et les change en erreurs ! Non ! ce n'est pas la misère du pauvre qui fait la douleur du riche : l'une est, si l'on peu dire, le commentaire providentiel de l'autre. Ces mystérieuses blessures, comme vous les appelez si bien, sous lesquelles succombe lentement l'opulence, ne vous révèlent-elles pas qu'il ne saurait être donné à aucune organisation humaine de réaliser le bonheur matériel, de le réaliser par des moyens purement humains ? »[1]

Y pensez-vous ? Mais avec de pareilles doctrines vous allez droit à la négation de tout progrès ? Car de quel droit affirmeriez-vous que c'est seulement le tiers, le quart, le cinquième du mal qu'il est donné à l'homme de détruire ? Où fixer, sur la route du progrès la limite qu'il est permis l'atteindre et qu'il n'est pas permis de dépasser ?

Croyez-vous au progrès, oui ou non ? Dans le premier cas, je vous défie d'en assigner les bornes. Dans le second, je n'ai plus à discuter avec vous.

On accuse de presque tous nos maux la corruption de la nature humaine : il faudrait en accuser le vice des institutions sociales. Regardez autour de vous : que d'aptitudes déplacées et par conséquent dépravées ! Que d'activités devenues turbulentes, faute d'avoir trouvé leur but légitime et naturel. On force nos passions à traverser un milieu impur ; elles s'y altèrent : qu'y a-t-il de surprenant à cela ? Qu'on place un homme sain dans une atmosphère empestée, il y respirera la mort.

« Notre nature, a dit M. Guizot, porte en elle-même un mal qui échappe à tout effort humain. Le désordre est en nous. La souffrance inégalement répartie, est dans les lois providentielles de notre destinée.»[2]

Voilà donc leur philosophie ! philosophie désespérante s'il en fut, mais, du reste bien appropriée à un régime qui consacre les angoisses de la foule.

Eh bien ! voici le problème à résoudre dans un pareil régime : comment persuader à cette foule immense qu'on dit destinée à souffrir, à souffrir sans consolation, à souffrir sans espoir, à souffrir en vertu des lois de la Providence ; comment lui persuader qu'elle doit croire, en effet, et se résigner à la fatalité de son destin ? Comment conjurer son désespoir ? Quelle barrière opposer à l'ardeur des désirs inassouvis qui s'élèvent dans son sein ?

1 *Globe*, 15 mars 1841.

2 *Revue française*, n° de 1838.

Dans les sociétés antiques, ceux qui souffraient sans espoir, c'étaient des *esclaves*.

L'esclavage détruit, que fit le catholicisme ? Pour forcer le peuple, qu'il ne voulait pas émanciper, à se contenter de son sort, il remplaça le fatalisme antique par le dogme fameux de la *souffrance méritoire* ; il cria aux malheureux : Souffrez sans vous plaindre, car la souffrance est sainte ; souffrez avec joie, car Dieu garde à vos douleurs de célestes et ineffables dédommagements.

Mais ce dogme n'a plus de puissance sur les esprits. On a compris que ce n'était qu'un sophisme propre à empêcher la légitime insurrection des opprimés contre les oppresseurs ; et ce sophisme impie est tombé avec toutes les tyrannies auxquelles il avait si longtemps servi de base.

Comment donc l'allez-vous résoudre, ce formidable problème de la *résignation*, philosophes et logiciens du régime actuel ? Par quel frein moral retiendrez-vous dans leur misère tous ces hommes que votre philosophie condamne à des souffrances sans lendemain ? Ne voyez-vous pas que les révolutions qui ont passé sur nos têtes ont donné à ce peuple la conscience de sa force ? Ne savez-vous pas que, d'un bout à l'autre de la société, ce cri magique d'*égalité* a retenti, qu'il a pénétré dans toutes les âmes, et qu'il a éveillé des désirs jusqu'ici inconnus ? Voilà un fait dont il vous est commandé de tenir compte. Heureux ou funeste, approuvé ou maudit, il existe ; il vous domine, il vous entraîne.

M. Guizot sentait bien toute l'importance de cette question, lorsqu'il s'écriait à la tribune : LE TRAVAIL EST UN FREIN !

J'entends : ce qu'était le fatalisme pour les *esclaves* des sociétés antiques, ce qu'était le dogme de la résignation pour les *serfs* du moyen âge, que la faim le soit pour les *pauvres*, des sociétés modernes ; forçons le peuple à travailler pour vivre, depuis le commencement du jour jusqu'à son déclin ; que son existence, entièrement employée à d'abrutissants travaux, ne lui laisse pas le loisir de penser qu'il est homme : la sécurité des heureux du monde ne pourra plus être troublée.

Rêverie et folie que tout cela ! Le moyen ne serait pas seulement barbare : dans le régime actuel, il serait absurde.

Pour que le *travail fût un frein*, au moins faudrait-il que le travail ne fît jamais défaut à ceux qu'il doit contenir. Or, nous avons prouvé que la concurrence illimitée avait pour résultat nécessaire de laisser un grand nombre de travailleurs inoccupés et affamés.

Louis Blanc

Un jour, la seconde ville du royaume vit des milliers d'ouvriers sortir de leurs ateliers, l'œil ardent et le fusil à la main ; un drapeau fut déployé sur la place publique, et sur ce drapeau on lisait : *Vivre en travaillant, ou mourir en combattant.* Ce jour-là, les ouvriers lyonnais avaient manqué probablement du *frein moral* de M. Guizot !

Trouver un *frein moral* dans un système qui le rend absolument nécessaire, voilà donc une des impossibilités du régime actuel ; voilà un des problèmes qu'il faut absolument résoudre, et que nous posons dans l'intérêt du riche comme du pauvre, du fort comme du faible, de ceux qui jouissent comme de ceux qui souffrent. Car, nous ne saurions assez le répéter, plaider la cause des malheureux, c'est plaider la cause de la société tout entière.

« Il est un écueil contre lequel M. Louis Blanc ne s'est pas suffisamment prémuni : une vive compassion pour les maux des travailleurs l'entraîne à prononcer un arrêt rigoureux contre le principe même de notre organisation du travail ; il impute à un vice inhérent au système les symptômes inséparables d'une mise en œuvre récente et incomplète. »[1]

Il résulterait de là, selon le rédacteur du *Siècle*, que la concurrence est un système nouveau, qui n'a pas encore fait son temps et qui veut être perfectionné. Mais, pour peu qu'on lise attentivement la critique que nous avons faite de ce système, on se convaincra que c'est à son principe même que nous nous sommes attaqués. Nous avons cherché à montrer quel était l'enchaînement logique des désastres que nous dénoncions. Nous avons mis en relief, dans les résultats produits par la concurrence, non pas des vices accidentels et passagers, mais des vices organiques, et c'est ce que le rédacteur du *Siècle* reconnaît lui-même lorsque, quelques lignes plus bas, il dit :

« La condamnation de la libre concurrence fondée sur les maux plus aigus auxquels celle-ci aurait exposé les travailleurs, telles étaient les prémisses nécessaires d'une transformation absolue de l'organisation du travail. M. Louis Blanc ne s'est pas fait faute d'établir nettement ce point de départ. Après avoir lu ces pages si animées où la conviction déborde, on comprend que l'auteur ait cru devoir, au prix des tentatives les plus téméraires, arrêter la société en déclin, pour l'empêcher de tomber dans un cataclysme effroyable. »[2]

---

1 *Siècle*, n° du 22 août 1840.

2 *Siècle*, n° du 22 août 1840.

L'auteur ajoute :

« Malgré tous les reproches adressés à la libre concurrence, il faut le dire pourtant, le bien qu'elle a produit l'emporte de beaucoup sur le mal qu'elle a causé. Une compassion légitime pour les douleurs du peuple ne doit pas nous rendre coupables d'ingratitude ; à aucune époque de l'histoire la condition des masses n'a été moins pénible qu'aujourd'hui : les ouvriers sont mieux logés, mieux nourris, mieux vêtus que par le passé. L'amélioration progressive du sort du peuple est devenue un fait incontestable, Elle n'est pas arrivée au point qu'elle doit atteindre mais du moins la misère est sans contredit moindre qu'autrefois. »

Nous pourrions nier le fait purement et simplement ; car dans quel livre en chercher la preuve ? La mémoire des vieillards nous fournit bien quelques notions sur la condition matérielle du peuple dans l'ancien régime. Mais remarquons que les faits qu'on cite avec une apparence de certitude ne se rapportent qu'à la décadence de ce régime, qu'à sa corruption, devenue si complète qu'elle a entraîné sa chute. Du reste, par quel historien l'histoire des misères du peuple a-t-elle été faite ? Un seul a essayé de l'écrire, cette histoire : M. Monteil. Et le peuple, tel que M. Monteil le représente aux seizième, dix-septième et dix-huitième siècles, ne nous apparaît pas plus malheureux que le peuple tel qu'il passe sous nos yeux.

La question, d'ailleurs, n'est pas de savoir si aujourd'hui les hommes du peuple souffrent plus ou moins que n'ont souffert leurs pères, mais de savoir jusqu'à quel point et pourquoi ils souffrent. Or, qu'avons-nous prouvé ? Que leur misère était profonde ; qu'elle provenait du principe de concurrence ; qu'elle ne pouvait que s'accroître pour peu que ce principe fût abandonné à son développement.

Nous venons de parcourir les objections qui nous ont été adressées par la voie de la presse il en est d'autres qui nous ont été faites, soit par lettres, soit verbalement. Nous allons les examiner.

On nous a demandé si détruire la concurrence intérieure, ce n'était pas rendre impossible la solution au problème des douanes. Voyons un peu.

Le système prohibitif est utile, nécessaire même, disent les uns, car si vous n'arrêtez pas l'invasion de certains produits étrangers, vous créez aux produits similaires de l'intérieur une concurrence mortelle ; que deviendront alors les industries indigènes que cette concurrence menace ? Si vous êtes sans pitié pour les maîtres, pitié du moins pour les ouvriers ! Savez-vous bien ce que coûte de souffrances et de larmes à cette classe condamnée, qui n'a que son travail pour vivre, le trouble apporté dans toute une sphère d'industrie ? L'État est le protecteur né de tous les intérêts nationaux : quel plus noble usage peut-il faire de son droit d'intervention, que celui qui consiste à abriter sous son aile les tentatives fécondes des riches et le travail des pauvres ?

Le système prohibitif est funeste, répondent les autres ; car il atteint l'immense classe des consommateurs ; car il force pauvres et riches à payer souvent fort cher ce qu'ils pourraient obtenir souvent à bon marché. Le système prohibitif est funeste s'il s'agit de matières premières par exemple ; car il tarit dans sa source la production nationale, en dérobant à la main-d'œuvre ses éléments. Il est funeste s'il s'agit d'objets manufacturés : car il donne à certaines industries qui ne sont pas nées vraiment viables un encouragement ruineux et trompeur. Et puis, que signifie cette protection à l'ombre de laquelle il arrive si souvent au génie national de s'assoupir ? Est-ce un pouvoir bien intelligent que celui qui, au lieu de pousser l'industrie avec l'aiguillon, la retient avec des lisières ? Tout tarif appelle des représailles. Tout produit étranger que nous repoussons de nos ports ferme les ports des autres pays à un produit indigène. Le système prohibitif ne saurait donc favoriser ceux-ci qu'à la condition de ruiner ceux-là. Un droit trop élevé sur les fers est une atteinte presque directe portée à la prospérité des contrées qui produisent du vin. Que les maîtres de forges applaudissent : les vignerons pousseront des cris de détresse. Admirable genre de protection que celui qui met aux prises tous les intérêts ! Touchante intervention que celle qui décuple l'anarchie !

Voilà ce qui se dit de part et d'autre. Éternelles redites ! Relativement parlant, les premiers ont raison. En thèse absolue, ils ont tort. Que faire ? L'embarras de la décision a fait naître une théorie mixte qui semble prévaloir aujourd'hui. On s'accorde assez généralement à reconnaître que, vu les nécessités d'une situation dont on ne saurait sortir en un jour, il faut maintenir du système prohibitif ou protecteur tout ce qui peut en être maintenu ; mais qu'il faut, en vue de l'avenir, en retrancher tout ce qui peut en être retranché. Cette troisième opinion, en apparence fort raisonnable, est au fond assez puérile, et, dans les termes où on le pose, le problème est tout à fait insoluble.

Voici le fait : ce qui doit être mis en question, ce n'est pas le système prohibitif, c'est le principe de libre concurrence. Tant que la libre concurrence sera maintenue, le système prohibitif, ou, si l'on veut, protecteur, restera comme une nécessité fatale.

Et qu'on ne crie pas au paradoxe ; car comment, je le demande, a-t-on pu en venir à regarder un régime de douanes comme une chose utile, bienfaisante, et, dans certains cas, indispensable ? La réponse est facile. Il a fallu protéger certaines industries indigènes contre la supériorité naturelle des industries étrangères rivales. Mais n'aurait-il pas mieux valu que ces industries indigènes ne fussent pas nées ? Sans doute, puisqu'elles sont venues au monde dans des conditions défavorables, puisqu'elles ne peuvent se maintenir que par le tribut qu'elles lèvent sur tous les consommateurs nationaux, puisqu'elles ne vivent qu'a la condition de sucer, pour ainsi dire, le sang de toutes les autres industries ? Pourquoi donc sont-elles nées ? Demandez-le au principe de la liberté d'industrie.

Il est évidemment dans les conditions de cet antagonisme universel, fruit amer de notre ordre social, que toute chose soit tentée, bonne ou mauvaise ; que toutes les sphères soient envahies, qu'elles puissent ou non contenir ceux qui s'y précipitent. La concurrence est un régime de hasard ; elle pousse naturellement à une production aveugle ; elle encourage l'imprévoyance ; elle absout d'avance toutes les témérités ; fille de l'individualisme, elle est mère de l'esprit d'aventure. Faut-il s'étonner si, sous son empire, se sont produites tant de conceptions folles, et si, dans le mouvement désordonné qu'elle imprime à l'activité de chacun, tant d'industries ont été essayées qui ne devaient pas l'être ? Voilà le mal, et voilà ce qui a fait d'un système de douanes une nécessité véritable. Une fois l'édifice bâti, alors même qu'il l'aurait été follement, il faut bien le soutenir pour qu'il n'écrase personne sous ses ruines !

L'intervention de l'État, par le moyen des douanes, des prohibitions, des tarifs, serait-elle nécessaire, si cette intervention s'exerçait *à priori* par le moyen d'un régime industriel sagement et vigoureusement organisé ? Il est clair que non.

Qu'on se place, par exemple, au centre du système que nous avons proposé : le problème des douanes reçoit à l'instant une solution aussi simple que féconde. En effet, introduire dans le travail le principe d'association, établir entre toutes les industries indigènes un vaste système de solidarité, ne serait-ce pas couper court à toutes les entreprises insensées que le caprice ou l'égoïsme individuel engendrent, et qu'il faut ensuite protéger aux dépens de tous les intérêts légitimes ?

Louis Blanc

Nous appelons l'attention de nos lecteurs sur ce point, qui nous paraît assez nouveau : LE MEILLEUR, LE SEUL MOYEN DE DÉTRUIRE LA CONCURRENCE QUE LES ÉTRANGERS VIENNENT NOUS FAIRE SUR NOS MARCHÉS, C'EST DE DÉTRUIRE LA CONCURRENCE QUE NOUS NOUS Y FAISONS NOUS-MÊMES LES UNS LES AUTRES ; ou, en d'autres termes, le meilleur, le seul moyen d'obtenir, sans des bouleversements affreux et des troubles mortels, la liberté du commerce, c'est de remplacer par un régime d'association et de solidarité ce qu'on a si faussement décoré de ce beau nom :

La liberté de l'industrie.

« Votre système, nous a-t-on dit, ne tend-il pas à introduire dans l'industrie des règles disciplinaires qui enlèveraient à la liberté de l'individu tout son ressort et toute sa fécondité ? L'application de votre système n'a-t-elle pas pour résultat nécessaire, en tuant la concurrence, d'amortir l'activité humaine qu'elle aiguillonne si fortement ? En d'autres termes, que deviennent, dans votre système, la liberté, cette source de toutes les jouissances, et l'émulation, cette source de tous les progrès ? »

Quoi ! notre système attaque la liberté, lorsqu'au contraire il émancipe cette nombreuse foule de journaliers qui s'agitent aujourd'hui sous le poids d'une condition pire que le servage ! Le saint-simonisme disait : « l'État propriétaire ; » c'était l'absorption de l'individu. Mais nous disons, nous, « la société propriétaire. » Différence énorme, et sur laquelle nous ne saurions trop vivement insister.

Notre système menace la liberté ? Pourquoi ? Comment ? Tous les membres de l'atelier social ne sont-ils pas libres ? Ne sont-ils pas mis à l'abri de toute espèce d'arbitraire par les statuts qui régissent l'atelier, statuts AYANT UNE FORME ET PUISSANCE DE LOI, statuts qui établissent, sur la condition des ouvriers, sur la part qui leur est due dans la production, sur la répartition des bénéfices, des principes que nul ne saurait violer impunément, parce que la force publique est là pour les faire respecter ? Il n'est pas jusqu'à la hiérarchie établie dans l'atelier social qui ne soit un hommage rendu à la liberté, puisqu'elle repose sur l'élection et ne donne à l'inférieur d'autres supérieurs que ceux qu'il croit de son intérêt de reconnaître pour tels. Et n'est-ce point pratiquer dans le sens le plus large le culte de la liberté, que de créer une organisation telle que chacun soit assuré d'y trouver du travail et la récompense légitime de ce travail ?

Vous parlez de liberté ? C'est au nom de la liberté, de la liberté vraie, c'est au nom du respect que la société doit à chacun de ses membres, que nous protestons, nous, contre l'ordre social actuel, et contre les mille tyrannies qu'engendre la concurrence.

Car, qu'est-ce que l'esclave ?

Allons au fond des choses, et ne jouons pas sur les mots, comme feraient des sophistes ou des rhéteurs.

L'esclave, c'est celui qui est en peine de son vêtement, de sa nourriture et de son gîte ; c'est celui qui dort sur les marches d'un palais inhabité.

L'esclave, c'est le pauvre qu'on punit pour avoir tendu la main à la pitié du riche ; c'est l'homme sans asile qu'on arrête pour s'être appuyé sur la borne.

L'esclave, c'est le malheureux que la faim condamne au vol, en attendant que la société le condamne au bagne.

L'esclave, c'est le père qui envoie son jeune fils respirer l'air des filatures malsaines ; c'est le fils qui envoie son vieux père mourir à l'Hôtel-Dieu.

L'esclave, c'est l'enfant du pauvre, qui entre dans un atelier à six ans ; c'est la fille du pauvre, qui à seize ans se prostitue.

Les esclaves, ce sont ceux qui écrivent sur leur bannière : *Vivre en travaillant, ou mourir en combattant,* et qui, cela fait, combattent et meurent.

Vous parlez de liberté, champions intrépides de l'ordre social actuel ? Mais que vous répondent les colons quand vous osez mettre en question l'esclavage aux colonies ? « Nos nègres sont plus heureux que vos journaliers ; » et ils vous prouvent cela !

La concurrence, selon vous, aiguillonne fortement l'activité humaine ? Oui, j'en conviens ; mais de quelle sorte et dans quel but ? Chacun est irrésistiblement poussé par elle à ruiner son voisin. L'activité dont il s'agit ici est celle qui se déploie sur les champs de bataille. La concurrence ne fait, par sa nature même, le bonheur des uns qu'en faisant le malheur des autres. Elle encourage un fabricant à inventer une machine ; mais, grâce aux brevets d'invention, cette machine devient aussitôt, entre les mains de l'inventeur, une massue avec laquelle il écrase tous ses rivaux.

Un procédé industriel est découvert, qui tend à abréger le travail de l'homme ; est-ce là le résultat obtenu ? L'heureux possesseur du procédé nouveau sait trop bien à quelles conditions il lui sera donné

Louis Blanc

de vaincre ses concurrents : il n'abrège pas le travail de ses ouvriers, et en renvoie un grand nombre, qui, en vertu de ce progrès, sont exposés à mourir de faim. Tel est le prix auquel la concurrence met le progrès. Elle n'excite l'esprit d'entreprise et de perfectionnement qu'en donnant à la cupidité les ailes et la rapacité du vautour.

Encore si ce mobile, tout vicieux qu'il est par essence, agissait sur chacun des membres dont la société se compose ! Mais, pour un combat, il faut des armes ; pour la concurrence, il faut des capitaux. Les journaliers se trouvent donc jetés en dehors du mouvement que crée la concurrence. Ainsi, chez les uns, émulation poussée jusqu'à la frénésie ; chez les autres, absence complète d'émulation, et même d'espoir : voilà l'état de choses qu'on ne craint pas de maintenir, au non du progrès et de la liberté !

Entrez dans un atelier moderne, vous y verrez ; quelques hommes dont l'amour du gain surexcite l'activité ; et, au-dessous d'eux, des centaines d'hommes qui, vivant au jour le jour, n'ont aucun bénéfice en vue, et peuvent à peine faire sur un salaire modique des économies que dévoreront le premier chômage ou la première maladie. Pour ces malheureux, qu'est-ce que l'émulation ? car enfin ils ne combattent même pas ceux-là ; ils servent d'armes de combat.

C'est avec les pauvres que les riches se font la guerre.

Les mots dont on a le plus abusé dans le monde sont, sans contredit, les mots *émulation* et *liberté*, le dernier surtout. Ne serait-il pas bien tenons de le définir ? La liberté, c'est la faculté laissée à l'homme de se développer selon les lois de sa nature. Eh bien ! la liberté, ainsi entendue, existe-t-elle, dans notre ordre social, pour la majorité des citoyens ? La concurrence, nous l'avons déjà prouvé, crée à la société une situation violente *qui a pour conséquence inévitable* d'imposer aux ouvriers un travail excessif et continu. L'excès et la continuité du travail manuel laissent sans emploi les ressorts de l'intelligence et dépravent la sensibilité. Est-il possible que la vit intellectuelle et le sentiment moral ne s'éteignent pas dans les grossières préoccupations d'un labeur qui dure douze, treize, et quelquefois quatorze heures par jour ? Et quel labeur ! L'extrême division du travail, qui, dans une société bien organisée, serait d'une utilité incontestable pour tous, l'extrême division du travail a engendré l'*homme machine*.

Donc, si, pour une partie de la société, la concurrence est un aiguillon, elle constitue pou la partie la plus nombreuse un véritable système d'étouffement.

Qu'espèrent ceux qui, ne voulant pas de réforme sociale, s'écrient niaisement : « Il faut instruire le peuple ? » Cela signifie apparemment qu'il faut écrire pour le peuple des livres et des journaux qu'il n'a pas le temps de lire, alors même qu'il aurait de quoi les payer ! cela signifie qu'il faut contraindre le pauvre à envoyer ses enfants à l'école, lorsqu'il en est réduit à avoir besoin de leur travail pour ne pas succomber sous les charges de la paternité !

En supposant que le journalier pût dérober à ses travaux manuels assez de loisir pour ne pas négliger d'une manière complète le soin de son perfectionnement intellectuel et moral, on nous accordera bien que, dans l'état actuel des choses, son instruction ne saurait être, dans tous les cas, que fort élémentaire. L'instruction ne profite pas à l'homme quand elle ne fait que loger quelques idées toutes formées dans son entendement et quelques faits dans sa mémoire ; elle lui profite lorsqu'elle le porte à agir sur lui-même par la méditation, car alors l'homme, en s'instruisant, se développe ; mais une instruction très-imparfaite n'est pas seulement inutile, elle est dangereuse.

« En Angleterre, dit M. Edelestand Duméril dans un livre intitulé *Philosophie du budget,* il y avait en 1821 la dix-septième partie de la population dans les écoles, et l'on y punissait proportionnellement plus de crimes que dans le pays de Galles, qui n'en instruisait que la vingtième partie. En Prusse, le nombre des crimes semble, dans quelques provinces, en raison directe du nombre des élèves, On en comptait en 1816, sur dix mille habitants ;

Dans les provinces

De Saxe	1492	Et il y eut, en 1817, un criminel sur	506
D^e Wesphalie	1394		639
D^e Poméranie	1030		1403
De Posen	327		2197

Ces chiffres sont remarquables ; et, quelque dédain que l'on professe pour la statistique, il faut bien tenir compte des chiffres lorsqu'ils se trouvent en si parfait accord avec la logique. Rendre l'homme du peuple mécontent de sa situation, éveiller dans son âme des mouvements jaloux, lui inspirer une ambition qui, ne pouvant se satisfaire, se change en fureur, et ouvre à son esprit une carrière qu'il ne pourrait parcourir sans s'égarer, tels sont les résultats que doit naturellement produire, dans l'ordre social actuel, toute instruction à peine ébauchée, ou dirigée selon les principes sur lesquels cet ordre social est fondé.

Revenant donc au système que nous avons proposé, nous lui trouvons d'abord cet avantage que, loin de détruire l'émulation, il la rend commune à tous et la purifie. Les membres de l'atelier social étant appelés à profiter également des succès de l'association, il n'en est pas un seul parmi eux qui puisse manquer de stimulant. L'intérêt personnel est ainsi conservé pour mobile à l'activité humaine ; et, comme il devient inséparable de l'intérêt général, il perd tout ce qu'il a aujourd'hui d'odieux et d'antisocial, sans rien perdre de ce qu'il a d'énergique.

D'un autre côté, plus d'obstacles, dans ce système, au développement moral et intellectuel du travailleur, quel qu'il soit ; car toute découverte scientifique qui n'amène pas dans l'atelier social un surcroît de bénéfice, y amène un surcroît de repos, et vient offrir au travailleur le loisir de cultiver son intelligence. Il serait superflu de faire observer que, dans un régime qui assure et agrandit de jour en jour l'existence du travailleur, père de famille, il n'y aurait plus lieu à ensevelir vivantes, dans une manufacture, de pauvres créatures de sept ou huit ans qui ont besoin d'air, de mouvement et de liberté. L'atelier alors ne ferait plus, comme aujourd'hui, fermer l'école !

Ceci nous conduit à examiner une autre objection que voici :

« Vous voulez, d'une part, diminuer pour l'ouvrier le temps du travail ; de l'autre élargir le cercle des jouissances. Ces deux résultats paraissent contradictoires. Le travail du peuple diminuant, les bénéfices généraux ne sauraient augmenter. »

C'est une erreur. Même en admettant que l'ouvrier travaillât seulement sept heures par jour, la somme des bénéfices à répartir se trouverait considérablement accrue :

1° Parce que l'ouvrier, travaillant pour lui-même, ferait avec zèle, application et rapidité, ce qu'il ne fait aujourd'hui qu'avec lenteur et répugnance ;

2° Parce qu'il n'y aurait plus dans là société cette foule d'êtres parasites qui vivent aujourd'hui du désordre universel ;

3° Parce que le mouvement de la production ne s'accomplirait plus dans les ténèbres et au milieu du chaos, ce qui entraîne l'encombrement des marchés, et a fait dire à de savants économistes que, dans les États modernes, la misère provenait de l'excès même de la production ;

4° Parce que, la concurrence disparaissant, nous n'aurions plus à déplorer cette incalculable déperdition de capitaux, laquelle résulte aujourd'hui des ateliers qui se ferment, des faillites qui se succèdent, dès marchandises qui restent invendues, des ouvriers qui chôment, des maladies qu'enfantent chez la classe laborieuse l'excès et la continuité du travail, de tous les désastres, enfin, qui naissent directement de la concurrence.

« Mais, dans votre système, l'État serait, sinon entrepreneur d'industrie et spéculateur, au moins régulateur du marché. Les prix seraient-ils réglés aussi convenablement qu'ils le sont par le seul fait de la concurrence ? »

À cela nous répondons que la concurrence ne règle absolument rien, dans le vrai sens du mot, La concurrence fait de tout marché un guet-apens. Grâce à son capricieux empire, tantôt le producteur est forcé de vendre à perte, tantôt le consommateur est impitoyablement rançonné. On a prétendu que la concurrence servait à établir un rapport exact entre les exigences de la production et les besoins de la consommation. Rien de plus faux. Supposons que plusieurs messageries en concurrence exploitent nos grandes routes. Cette concurrence déterminera un certain chiffre pour le prix des places. Mais s'il arrive que, sur trois entreprises de messageries, deux succombent par l'effet de la lutte, voilà qu'aussitôt les voyageurs devront payer triple impôt. En d'autres termes, les besoins seront restés les mêmes, tandis que les exigences auront changé.

Qu'imaginer de plus tyrannique et de plus absurde ?

Au reste, pour juger de la régularité que la concurrence introduit dans les relations du producteur et du consommateur, il suffit d'observer que sous son influence presque tous les produits ont fini par être falsifiés, même ceux qui concernaient la vie et la santé de l'homme. Si bien que le commerce est devenu une effroyable science de mensonges… et, pour trancher le mot, une interminable série de vols impunis. Ainsi donc, tout se réduit à savoir si, dans la fixation de la valeur des choses,

Louis Blanc

l'examen ne vaut pas mieux que le hasard, la règle que l'arbitraire, la loi que l'anarchie.

« La solidarité que votre système établit entre tous les membres de la société ne menace-t-elle pas la famille, en conduisant à l'abolition de l'héritage ? »

Si l'existence de la famille était indissolublement liée au principe de l'hérédité, nous concevrions l'objection ; car il est certain qu'en poussant la société à vivre sur un capital collectif, nous fondons un état de choses où l'abolition de l'hérédité devient, sinon nécessaire, au moins possible.

Mais s'est-on bien rendu compte des causes qui ont fait jusqu'ici regarder comme absolument connexes la question de la famille et celle de l'hérédité ? Que, dans l'ordre social actuel, l'hérédité soit inséparable de la famille, nul doute à cela. Et la raison en est précisément dans les vices de cet ordre social que nous combattons. Car, qu'un jeune homme sorte de sa famille pour entrer dans le monde, s'il s'y présente sans fortune et sans autre recommandation que son mérite, mille dangers l'attendent ; à chaque pas il trouvera des obstacles ; sa vie s'usera au sein d'une lutte perpétuelle et terrible, dans laquelle il triomphera peut-être, mais dans laquelle il court grand risque de succomber. Voilà ce que l'amour paternel est tenu de prévoir. Le père de famille qui ne chercherait pas à amasser un capital pour ses enfants, dans une société telle que la nôtre, jouerait évidemment leur avenir à la loterie. La famille, dans une société semblable, a donc pour condition nécessaire l'hérédité. Mais changez le milieu où nous vivons ; faites que tout individu qui se présente à la société pour la servir soit certain d'y trouver le libre emploi de ses facultés et le moyen d'entrer en participation du capital collectif ; la prévoyance paternelle est, dans ce cas, remplacée par la prévoyance sociale. Et c'est ce qui doit être. Pour l'enfant, la protection de la famille ; la protection de la société pour l'homme !

On avait dit aux saint-simoniens : « Sans hérédité, pas de famille. » Ils répondirent : « Eh bien ! détruisons et la famille et l'hérédité. » Les saints-simoniens et leurs adversaires se trompaient également en sens inverse. La vérité est que la famille est un fait naturel, qui, dans quelque hypothèse que ce soit, ne saurait être détruit ; tandis que l'hérédité est une convention sociale que les progrès de la société peuvent faire disparaître.

PREMIÈRE PARTIE

Eh quoi ! il serait dans *l'essence des choses*, il serait conforme aux lois de la nature qu'un fils pût être amené à compter avec impatience les jours de l'homme qui lui a donné la vie ! Elle serait inhérente à l'essence de la famille, une condition qui permet cet abominable rapprochement : « Un tel est riche, il vient de perdre son père ! » Non, non. Vous calomniez la nature en la rendant responsable de ce qui n'est qu'une nécessité des vices de votre ordre social. Vous outragez la sainteté de la famille en subordonnant d'une manière absolue son existence au maintien des lois d'une civilisation corruptrice et corrompue.

Le pauvre qui, aujourd'hui, n'a rien à laisser à ses enfants, le pauvre a-t-il une famille ? Répondez. S'il en a une, la famille, même dans l'impur milieu où nous sommes, peut donc jusqu'à un certain point exister sans l'hérédité ? S'il n'en a pas, justifiez vos institutions, et hâtez-vous… La famille ne saurait être un privilége !

Tout est admirable et touchant dans l'existence de la famille, si on la considère uniquement au point de vue de l'éducation donnée à des êtres qui ne peuvent encore se suffire. Et, sous ce rapport, elle est le nécessaire fondement de la société. Mais allez au delà, conduisez la famille jusqu'à l'hérédité, aussitôt vous voyez entre l'intérêt social et l'intérêt domestique se creuser un abîme.

Ce que le principe d'hérédité donne à l'un ne l'enlève-t-il pas à l'autre ? N'accorde-t-il pas à celui-ci droit de paresse ? N'arrache-t-il pas d'avance à celui-là les instruments indispensables à son intelligence et à son activité ? Quand les riches criaient aux nobles : « Qu'avez-vous fait ? vous vous êtes donné la peine de naître ; » les nobles n'auraient-ils pas pu répliquer, en s'adressant aux riches par héritage : « Et vous ? »

Résumons-nous sur ce point. La famille et l'hérédité ne sont inséparables que d'une manière relative et dans un certain ordre social. La famille vient de Dieu ; l'hérédité vient des hommes. La famille est, comme Dieu, sainte et immortelle ; l'hérédité est destinée à suivre la même pente que les sociétés, qui se transforment, et que les hommes, qui meurent.

Toutefois, et jusqu'à ce que la société actuelle soit transformée, le principe de l'hérédité dans les familles ne saurait être trop vivement soutenu. Sa suppression, si elle précédait la réforme de l'ordre social tout entier, donnerait naissance à de grands désordres, et serait un grand malheur. Nous avons expliqué pourquoi ; nous n'insisterons pas là-dessus davantage.

Il ne nous reste plus qu'à repousser le reproche banal auquel s'expose quiconque ose s'élever contre les préjugés de son époque. « Vous êtes un utopiste, » ne manquera-t-on pas de nous dire ; Ah ! vraiment ?

La science économique et politique est une science de faits : ceci est incontestable. Mais quel est le véritable rêveur, le véritable utopiste ? Est-ce celui qui, à telle époque donnée de l'histoire, ne tient compte que des faits *qui existent, mais dont la durée est manifestement impossible, ou celui qui s'attache principalement aux faits qui n'existent pas encore, mais dont l'apparition est inévitable et imminente* ? Toute la question est là. Voici une maison dont les murs se lézardent de toutes parts : croyez-vous être un homme *pratique*, parce que vous vous obstinez à y rester, au risque d'être enseveli sous ses ruines ?

Ceci posé, quels sont les faits dont se compose l'histoire contemporaine ?

Dans l'ordre moral, lutte de toutes les intelligences, ou scepticisme ;

Dans l'ordre social, lutte de tous les intérêts, ou concurrence illimitée ;

Dans l'ordre politique, lutte de tous les pouvoirs, ou anarchie.

Une société qui peut être décrite de la sorte est-elle durable ? N'est-ce pas là cette maison dont les murs de toutes parts se lézardent ?

Au reste, dans le sein même du parti que nous combattons, il n'est pas un homme intelligent qui ne commence à comprendre la nécessité d'une vaste réforme sociale ; que dis-je ? d'une réforme sociale basée sur les principes qui sont exposés dans ce livre. Dans un article publié par la *Revue des Deux Mondes*, et sorti de la plume de M. de Carné, nous lisons.[1]

« Les considérations sur lesquelles s'appuie l'école qui réclame avec une énergie sans cesse croissante l'organisation du travail *sont dignes assurément de l'attention la plus sérieuse ; car les bons esprits ne peuvent manquer d'être frappés des obstacles que rencontrent dans leur marche les idées placées, voici à peine quelques années, au-dessus de toute controverse...* Qu'arrive-t-il, en effet, dans la pratique ? Personne ne l'ignore, et chacun en gémit, sans découvrir un remède pour des plaies que chaque année rend plus profondes... Quoi d'étonnant si, en présence de tant de douleurs, des esprits hardis s'efforcent de

---

1 *Revue des Deux Mondes*, numéro du 1er septembre 1841.

régulariser ce qui leur apparaît comme un chaos ? L'intervention de l'État entre les chefs d'atelier et les travailleurs ; la limitation de la liberté du travail opérée comme celle de la liberté politique elle-même, dans un haut intérêt social ; la sollicitude de la puissance publique appelée à proportionner la production aux besoins et aux débouchés, pour prévenir, par une intervention éclairée, des déceptions et des désastres ; enfin, le droit international réglant et limitant la concurrence des forces industrielles comme il limite déjà celle des forces militaires *ce sont là des idées qui n'ont rien d'étrange en elles mêmes,* mais qu'il est au moins singulier de voir répandre en Europe par les publicistes de l'école républicaine, comme la conséquence extrême de leur principe. »

Nous pourrions répondre à M. de Carné que ce qu'il trouve singulier n'a rien que de fort simple ; que l'école vraiment démocratique n'a jamais professé les étroites et anarchiques doctrines du libéralisme ; que le catéchisme du *laissez-faire* n'a jamais été qu'à l'usage de ceux qui possèdent aujourd'hui le pouvoir, et qui ne l'ont conquis qu'après avoir passé quinze ans à prêcher la religion du désordre. Mais ce n'est pas de cela qu'il s'agit. Nous ne citons l'article de M. de Carné que pour l'opposer à ceux qui seraient tentés de nous appeler des *utopistes.* Poursuivons :

« Il n'est pas un écrit émané des hommes de quelque valeur dans le parti radical où cet ordre d'idées ne se produise, et dans lequel vous n'aperceviez des efforts visibles pour transformer l'élément politique par l'élément industriel. La guerre à la concurrence est un mot d'ordre aussi accrédité aujourd'hui dans les rangs du parti démocratique que la guerre aux privilèges lors du mouvement de 89, et le bon marché est devenu l'idée la plus antipathique à une école qui ne prévoyait pas à coup sûr, il y a dix ans, où la conduiraient, et des déceptions nombreuses, et les faits nouveaux dont elle s'efforce de s'emparer pour se refaire une popularité perdue. »

Il y a dix ans, l'école démocratique se formait à peine, et tout ce que M. de Carné a dit des prétendues doctrines de la démocratie d'il y a dix ans n'est applicable qu'à l'école libérale, laquelle est aujourd'hui aux affaires, et à qui, certes, on ne saurait faire honneur d'une conversion née de déceptions nombreuses et de faits nouveaux ; car cette école-là vit encore sur ses vieilles erreurs, et c'est avec d'incroyables pauvretés qu'elle affiche la prétention de gouverner le monde. Notons bien que M. de Carné reconnaît à nos idées la puissance de créer à ceux qui les

Louis Blanc

soutiennent une grande popularité ! Après avoir cité la définition que nous avons donnée du bon marché (voir à la page 77). M. de Carné ajoute :

« Ce passage résume d'une manière assez complète la théorie économique dont les esprits réfléchis ne peuvent manquer de suivre les développements avec une curieuse attention. Des disciples de Say pourraient sans doute objecter à M. Louis Blanc que le système de la concurrence et de la liberté commerciale ne saurait être jugé si vite, et qu'il est impossible de le condamner en dernier ressort sur dès applications incomplètes et au milieu des résistances que lui opposent encore la plupart des gouvernements européens. »

Si des disciples de Say nous objectaient ce que M. de Carné leur met dans la bouche, nous leur ferions observer que les maux de la concurrence s'aggravent et se multiplient en raison même de l'extension qu'elle prend ; que ceci est un fait incontestable ; qu'on ne saurait par conséquent arguer, en faveur de la concurrence, des applications prétendues incomplètes qu'on en fait. Nous les prierions en outre de remarquer qu'ils confondent mal à propos la concurrence et la liberté commerciale ; que ce sont deux choses fort distinctes ; que la cause de la concurrence et celle de la liberté commerciale ne sont pas le moins du monde liées l'une à l'autre ; que, tout au contraire, la concurrence existant, la liberté commerciale est impossible. Mais la polémique nous entraine, et nous oublions dans quel but nous avons cité l'article de *la Revue des Deux Mondes*. M. de Carné expose rapidement notre système, celui qui est développé dans l'excellent ouvrage de M. Adolphe Boyer,[1] et celui qui est indiqué dans le livre intéressant de M. Buret *sur la misère des classes laborieuses en France et en Angleterre*. Puis, rappelant que la propagande démocratique se poursuit en France sous plusieurs formes, et arrivant à la catégorie dans laquelle il range les trois livres qu'on vient de citer, il dit :

« Un gouvernement prévoyant et éclairé arrachera aux hommes que peut égarer la tentation d'en abuser les idées mêmes qui font leur force au sein des masses ; il prendra l'initiative de certaines mesures que lui seul peut appliquer avec discernement et sans péril. Lorsque, l'année dernière, des milliers d'ouvriers parcouraient dans un calme menaçant les rues de la capitale ; lorsque, dans des jours de paix et de prospérité commerciale, ils interrompaient le cours

1 *De l'État des Ouvriers et de son amélioration par l'organisation du Travail.*

de leurs travaux pour débattre, sous l'ardente excitation des partis, les questions les plus complexes, le premier devoir du gouvernement fut de dissiper par la force une émeute d'autant plus dangereuse qu'elle s'ignorait elle-même ; mais à ce devoir accompli a dû en succéder un autre. Il faut que le pouvoir pose à son tour les problèmes posés par les factions. Il doit se demander jusqu'à quel point il peut intervenir dans la seule forme de l'activité nationale, livrée sans règle comme sans contrôle à toutes les chances des événements et de la fortune. Pourrait-il exercer une salutaire médiation entre l'ouvrier et le chef d'atelier, relativement aux conditions du travail ? Serait-il en droit de limiter la concurrence à la mesure véritable des besoins et des débouchés ? Lui serait-il interdit de protéger l'honneur et le crédit de la France sur les marchés étrangers par une surveillance exercée à l'exportation de nos produits ? Enfin, lorsque l'édifice de la société nouvelle repose sur l'unité centralisée et sur l'action administrative, ce double principe peut-il rester sans nulle application aux intérêts les plus nombreux et les plus faciles à émouvoir ? LE PRINCIPAL RÉSULTAT qu'aient à retirer les hommes sérieux de l'examen des théories démocratiques, c'est assurément la ferme intention de mettre de telles questions à l'étude, pour les résoudre autrement que par l'axiome tout négatif d'une école économique à laquelle l'avenir réserve de sévères leçons. »

Ce langage est-il assez clair ? sommes-nous assez vengés de tous ces hommes sans talent qui, mesurant la vérité à leur taille, déclarent impraticable tout ce qu'ils sont hors d'état de comprendre, et traitent d'utopies inutiles à combattre ce qu'ils sont trop ignorants pour discuter, bonnes gens toujours chargés d'un bagage de mots qu'ils prennent et donnent fièrement pour des idées, esprits stériles qui insultent à la fécondité ?

Et vous, monsieur, qui ne vous piquez pas de professer pour les idées d'un parti qui n'est pas le vôtre ces dédains imbéciles, par quel excès d'injustice pouvez-vous flétrir du nom de *factieux* les hommes d'étude qui font ce que, selon vos propres aveux, le pouvoir devrait faire ? Ainsi, nous sommes des factieux, et pourtant vous proposez au pouvoir de s'emparer de nos idées pour les appliquer ! Nous sommes des factieux, et vous avouez, non-seulement que les maux dénoncés par nous sont réels, incalculables, mais que nous en avons indiqué la véritable cause, et proposé, jusqu'à ce jour du moins, les remèdes les plus sûrs ! Vous conseillez naïvement au pouvoir de *nous arracher nos idées* ! Le conseil est admirable ; mais nous osons mettre le pouvoir actuel au défi d'en profiter : d'abord, parce que les hommes d'État d'aujourd'hui sont trop médiocres pour tenter quelque chose de grand et de hardi ; ensuite, parce que les intérêts auxquels ils sont asservis sont trop aveugles pour sonder la bêtise de l'oppression.

Il est vrai que les avertissements ne leur manquent pas. Nous avons écrit les premières lignes de ce livre au bruit des charges de cavalerie exécutées presque à notre porte. Nous avons continué sous l'impression de nouvelles qui nous montraient le port de Mâcon ensanglanté et l'ordre régnant à Clermont, au milieu des ruines encore fumantes de la guerre civile ! Est-ce que nous sommes condamnés à voir se reproduire éternellement ces scènes de deuil ? Est-ce que ces appels farouches à la haine seront toujours les seuls qui aient pouvoir de se faire entendre ? Pour prévenir, la police ; pour réprimer, le canon. Ah ! c'est trop, c'est trop ; et pourtant ce n'est pas assez. Mitrailler les insurgés vivants ; morts, les insulter... cela ne suffit pas, croyez-moi ; et tant que la science ne sera point opposée à l'esprit de révolte, l'émeute sera comme un tonneau des Danaïdes qu'il faudra sans cesse remplir avec du sang.

C'est à rapprocher toutes les classes de la société, à leur faire comprendre que leurs intérêts sont solidaires, à les unir dans un noble sentiment de concorde et de fraternité, que consiste le devoir de tout homme sincèrement attaché à son pays. Mais que valent ces recommandations, dans un régime qui tend d'une manière irrésistible à en détruire l'effet ? C'est donc sur les vices de ce régime que nous devons porter nos regards. Et quel plus honorable, quel plus fécond sujet d'études ! Mais non : on ne saurait s'émouvoir au spectacle de tant de douleurs, on ne saurait en désirer le terme, en étudier l'origine et la filiation, en décrire la nature, en chercher le remède, sans être un rêveur, un utopiste, sans être mis à l'index par les *hommes pratiques*. Hélas ! la sagesse de ces *hommes pratiques* n'est pas si grande qu'elle ne reçoive de temps en temps de cruels démentis. Et ces démentis, qui les donne ? la guerre civile.

Quelques mots encore sur ce sujet. Qu'aurait-on dit d'un homme qui, dans les derniers jours du règne de Louis XV, aurait tenu le langage que voici :

« Vous voyez quel est le pouvoir de l'Église ! À peine venu au monde, l'homme la trouve auprès de son berceau ; enfant, elle le façonne à son gré ; adulte, elle le fait époux et lui permet d'être père ; mourant, elle recueille son dernier souffle ; mort, elle l'ensevelit ; mis au tombeau, elle le poursuit dans les mystères d'une autre vie, et s'empare de son âme pour en faire aux vivants un sujet d'espérance où de terreur. Elle domine la conscience du roi comme celle du mendiant. Son empire se fait, reconnaître par ceux-là même que ses préceptes n'ont point subjugués : toute alcôve souillée a son crucifix et tout boudoir son prie-dieu. Architecture, statuaire, peinture, œuvres du génie, merveilles des arts, tout cela sert à marquer dans la société, le passage et la souveraineté de l'Église. Et comment détruire une influence dont les racines tiennent à toutes les, parties infimes du cœur humain, une influence créée par tant de siècles asservis à la même croyance ? Le pouvoir spirituel de l'Église est donc bien grand ; mais il ne l'est pas plus que son pouvoir temporel. Sous Louis XIII, la France fut gouvernée par Richelieu, un prêtre ; sous Louis XIV enfant, par Mazarin, un prêtre ; sous Louis XIV vieillard, par le père Letellier, un prêtre ; sous le régent, par le cardinal Dubois, un prêtre ; aujourd'hui, sous Louis XV, elle est gouvernée par le cardinal de Fleury, toujours un prêtre. Quant aux richesses du clergé, elles sont immenses : il possède dans le Cambrésis quatorze cents charrues sur dix-sept cents ; dans la Franche-Comté,[1] plus de la moitié des biens appartient aux moines bénéficiaires ; neuf mille châteaux, deux cent cinquante-neuf mille métairies ou fermes, cent soixante-treize mille arpents de vignes, voilà ce qui sert de base en France à la puissance matérielle de l'Église, dont les revenus annuels peuvent être évalués à douze cent vingt millions.[2]

« Eh bien ! encore quelques années, et cette force immense aura disparu. Le principe de là liberté de conscience remplacera l'autorité morale de l'Église ; on ne croira plus à sa parole ; ses traditions seront officiellement conspuées, et ses membres recevront un salaire en échange de leurs grands biens, devenus la propriété de l'État.

« Vous voyez quel est le pouvoir de la royauté ! Ses folies suffisent pour prouver jusqu'où va sa force. Louis XIV a impunément ensanglanté la France ; le régent l'a mise impunément au pillage, et c'est impunément que Louis XV la déshonore. Si la maison civile du roi est portée à vingt-cinq millions;[3] si le jeu du roi absorbe seul des sommes qui feraient

---

1 Préambule de l'ordonnance du 17 mai 1751.

2 Lettre du cardinal de Fleury au conseil de Louis XV.

3 Compte rendu à Louis XVI en 1774. Collection, p. 114.

vivre des milliers de pauvres ; si les spéculations personnelles[1] du roi produisent des famines factices qui mettent le peuple au désespoir ; si le roi exerce à son profit les plus monstrueux monopoles ; s'il est permis au roi d'enrichir ses courtisans et ses maîtresses en faisant élever ou baisser, selon ses fantaisies, le prix des grains;[2] si le roi est assez pourvu de domaines de toute sorte pour donner à madame de Pompadour la terre de Crécy, le château d'Aulnay, le château de Bellevue, le château de Menars, la terre de Saint-Remy, l'hôtel d'Ëvreux, l'Élysée-Bourbon, l'Ermitage ; si le roi est assez pourvu d'argent pour payer deux millions cinq cent mille francs[3] les faveurs dé madame Dubarry, courtisane échappée aux bras d'un mousquetaire ; si le roi rit de la pudeur de nos femmes et lève d'impurs tributs sur la virginité de nos filles ; ces exactions, ces ignominies, ces scandales qu'on ose à peine blâmer à voix basse, ne montrent-ils pas tout ce que la royauté puise en France de témérité et d'orgueil dans l'ignorance du peuple, la bassesse des gens de cour, le prestige du trône, la puissance des baïonnettes et l'influence des traditions ?

« Eh bien ! encore quelques années, et vous assisterez au spectacle de la royauté humiliée, insultée, enchaînée, mise en question. Une assemblée de bourgeois lui demandera compte de ses actes ; des robins la recevront assis et la tête couverte ; ses maîtres de cérémonie seront traités comme des laquais, et ses ministres comme des serviteurs du peuple, jusqu'à ce qu'un jour vienne (jour terrible) où on la fera monter sur un échafaud, sans même lui permettre ce qu'on permet au dernier des criminels… ; car les suprêmes paroles de cette royauté tombée en la puissance du bourreau s'éteindront dans un roulement de tambours.

« Vous voyez quel est encore le pouvoir de la noblesse ! Appuyée d'un côté sur le trône, elle l'est de l'autre sur le clergé. Les fonctions publiques lui sont exclusivement réservées ; c'est elle qui possède les emplois de cour ; c'est elle qui jouit de toutes les pensions ; c'est elle qui remplit le cadre des officiers de l'armée ; c'est de son sein que sont tirés les grands officiers de la maison du roi, lesquels ont l'exorbitant privilège de vendre les charges subalternes et d'en garder le prix. Elle a, pour s'enrichir, les *prestations*, les *redevances*, les *corvées*, les *mainmortes*, des *servitudes personnelles* de toute espèce. Elle chasse : le paysan qui

1 Soulavie. *Décadence de la Monarchie*, III, 313.

2 Lacretelle. *Dix-huitième Siècle*, IV, 298.

3 Soulavie. *Décadence de la Monarchie*, III, 155.

en fait autant va aux galères.[1] Investie des droits de haute, moyenne et basse justice ; elle a fourches patibulaires, piloris et carcans ; et ce n'est que depuis peu de temps que les sentences pour crime capital sont revues par les cours supérieures. Telle est sa puissance dans les campagnes, qu'elle fait atteler des hommes à ses charrettes comme des animaux de labourage, et que, pour empêcher les grenouilles de troubler le sommeil des châtelaines, une foule de malheureux passent la nuit à battre les étangs.[2] Que dire enfin ? Il a été longtemps permis à un seigneur de tuer un vilain, moyennant la somme de *cinq sous parisis*.

Eh bien ! encore quelques années, et toute cette aristocratie sera mise au néant. Une nuit suffira pour faire crouler tout l'échafaudage du système féodal. Oui, dans cette nuit, la qualité de serf sera effacée du vocabulaire de la langue, les mainmortes seront détruites, les justices seigneuriales abolies, les privilèges pécuniaires anéantis, la vénalité des offices sera supprimée, les dîmes seront déclarées rachetables et les citoyens reconnus admissibles à tous les emplois. Et, chose merveilleuse ! ces réformes dirigées contre la noblesse, c'est par elle qu'elles seront accomplies : elle-même prononcera son arrêt et scellera irrévocablement sa ruine.[3]

« Ce n'est pas tout. L'industrie est aujourd'hui soumise au régime des jurandes et des maîtrises.

« Eh bien ! par la plus soudaine, la plus profonde de toutes les révolutions, le principe de la concurrence illimitée sera proclamé.

« Si bien que de toute la société d'aujourd'hui, dans quelque temps il ne restera rien, absolument rien. »

Encore une fois, je le demande, qu'aurait-on dit de l'homme qui, quelques années avant 1789, aurait tenu cet étrange langage ? On l'aurait certainement appelé un homme à théories, un rêveur généreux, un utopiste, un fou, que sais-je ? Il aurait dit vrai cependant, et ceux qui l'auraient accusé de folie auraient fait preuve en cela d'imprévoyance et d'aveuglement.

Les partisans du nouvel ordre social se trouvent précisément aujourd'hui dans la position de cet homme. Et certes, entre le régime actuel et l'application de nos idées, la, distance est infiniment moindre

---

1 Voir le décret du 4 août 1789.

2 Discours de Leguen de Kérangel, dans la nuit du 4 août.

3 Nuit du 4 août 1789.

Louis Blanc

qu'entre la société qui existait la veille de 1789 et celle qui exista le lendemain.

PREMIÈRE PARTIE

DEUXIÈME PARTIE
DE LA PROPRIÉTÉ LITTÉRAIRE

I
QUELLE EST LA NATURE DU MAL ?

Les littérateurs affluent ; quelques-uns s'enrichissent ; beaucoup meurent de faim ; la librairie est ruinée ; l'imprimerie est perdue ; le goût public se pervertit ; jamais, au sein d'une plus fastueuse abondance de livres, le domaine intellectuel ne fut plus stérile... voilà le mal ; il est immense. Quel remède a-t-on proposé ? Une loi qui étendrait le droit de propriété de l'auteur, après sa mort, de vingt à trente ans ! Oh ! Que Lord Chesterfeeld avait raison de dire à son fils en l'envoyant visiter les principales cours de l'Europe : « Allez, mon fils, allez voir avec quelle petite dose de sagesse le monde est gouverné ! »

Je dirai tout à l'heure combien il est absurde de décréter la propriété littéraire, et combien est fatal à la société l'exercice prolongé de ce prétendu droit qu'on voudrait consacrer ; mais avant d'entrer dans l'examen des difficultés sans nombre que la question soulève, je me demande quel est ici le but du législateur ?

Son but, c'est évidemment de consacrer la profession de l'homme de lettres, considérée comme métier, comme moyen de gagner de l'argent. Mais est-il dans la nature des choses, est-il dans l'intérêt public que la littérature devienne un procédé industriel ? Est-il bon qu'il y ait dans la société beaucoup d'hommes faisant des livres pour s'enrichir, ou même pour vivre ? J'affirme que non.

Et la raison en est simple. Pour qu'un écrivain remplisse dignement sa mission, il faut qu'il s'élève au-dessus des préjugés des hommes, qu'il ait le courage de leur déplaire pour leur être utile ; il faut, en un mot, qu'il les gouverne moralement. Cette mission est du chansonnier comme du moraliste, du poète comme du philosophe, de celui qui nous fait rire comme de celui qui nous arrache des pleurs. Peu importe la forme que revêt cette souveraineté morale de l'écrivain. Elle est tout aussi réelle dans Beaumarchais que dans Nicole, et dans Molière que dans Pascal.

Oui, la littérature a sur la société droit de commandement. Or, que devient ce droit de commandement si l'homme de lettres descend à l'exercice d'un métier, s'il ne fait plus des livres que pour *amasser des capitaux* ? S'asservir aux goûts du public, flatter ses préjugés, alimenter son ignorance, transiger avec ses erreurs, entretenir ses mauvaises passions, écrire enfin tout ce qui lui est funeste, mais agréable… telle est la condition nécessaire de quiconque a du génie pour de l'argent. Quoi ! En échange de l'or que je vous offre, vous me faites honte de ma stupidité, vous gourmandez mon égoïsme, vous me troublez dans la jouissance du fruit de mes rapines ; vous me faites peur de l'avenir ! Votre sagesse coûte trop cher, monsieur : je n'en veux pas. La pensée perd de la sorte son caractère d'enseignement et son autorité morale. L'écrivain, s'il dépend de la faveur du public, perd la faculté de le guider ; il en perd jusqu'au désir : c'est un roi qui abdique.

Que tous les travaux de l'esprit n'aient pas une égale importance, sans doute. Cependant, tous, même les plus frivoles en apparence, ont sur la société une action bonne ou mauvaise. Il n'est pas au pouvoir d'un homme de lettres de n'être qu'un *amuseur* de la foule. Car, pour amuser les hommes, il faut toucher des cordes qui répondent à leur intelligence ou à leur cœur. Ce qui prouve, soit dit en passant, que la théorie de l'art pour l'art est une niaiserie.

La littérature, quelque forme qu'elle affecte, exerce donc une influence qu'il importe au plus haut point de régler, et c'est la rendre extrême-ment dangereuse que de la laisser aux mains d'hommes qui ne s'en servent qu'en vue d'un bénéfice d'argent. Je concevrais qu'on fît une loi pour abolir, comme *métier*, la condition d'homme de lettres ; mais en faire une pour rendre ce métier plus fructueux et encourager les fabri-cants de littérature, cela me paraît insensé.

Non-seulement il est absurde de déclarer l'écrivain propriétaire de son œuvre, mais il est absurde de lui proposer comme récompense une rétribution matérielle. Rousseau copiait de la musique pour vivre et fai-sait des livres pour instruire les hommes. Telle doit être l'existence de tout homme de lettres digne de ce nom. S'il est riche, qu'il s'adonne tout entier au culte de la pensée : il le peut. S'il est pauvre, qu'il sache combiner avec ses travaux littéraires l'exercice d'une profession qui sub-vienne à ses besoins.

Parmi les auteurs contemporains, il en est un qui, à force de recherches patientes et de veilles, est parvenu à renouer, pour le peuple, la chaîne, en mille endroits brisée, des traditions. Personne assurément n'a travail-lé à une œuvre historique avec plus d'amour, avec plus de persévérance

DEUXIÈME PARTIE

que M. Monteil ; personne n'a mis dans l'accomplissement d'une résolution littéraire une plus grande part de sa vie. Que serait-il advenu si, pendant les trente ou quarante années qu'il a consacrées à son ouvrage, M. Monteil n'avait attendu ses moyens d'existence que de ses livres ? Ce qui serait advenu ? Je n'ose le dire, et vous le devinez. Mais, dieu merci ! M. Monteil avait une âme intrépide et haute. Pour se défendre contre l'extrême pauvreté, il a eu recours à une industrie honorable : il a vendu les matériaux mêmes de ses études ; il a vendu les manuscrits précieux qu'il avait recueillis çà et là dans son voyage de découvertes. C'était Rousseau copiant de la musique. Grâce à cette courageuse conduite, M. Monteil a vécu, non pas à l'abri des privations, mais à l'abri des caprices du public. Il est resté maître de lui, maître de son œuvre.

Supposez qu'au lieu d'écrire l'histoire pour faire triompher la vérité, il ne l'eût écrite que pour *gagner de l'argent* ; supposez qu'au lieu de chercher ses moyens d'existence dans la vente de manuscrits ignorés, il eût spéculé sur ses livres ; l'impatience du succès l'aurait gagné, il aurait écrit beaucoup plus vite, beaucoup plus mal. À l'histoire utile et féconde de l'agriculture, du commerce, des métiers… il aurait préféré, lui aussi, l'histoire divertissante des batailles et des intrigues de cour. La société y aurait perdu un grand historien et un bel ouvrage.

Parmi les plus illustres poëtes de notre époque, combien en est-il qu'on osât placer au-dessus de Béranger ? Béranger a fait comme M Monteil, comme Rousseau. Pendant qu'il travaillait à ses immortelles chansons, il demandait à un emploi modeste le moyen de lutter contre les nécessités de la vie.

Avant la révolution de 1789, la profession littéraire, dans la rigueur du mot, n'existait pas. Nous voyons bien dans l'histoire des hommes de lettres que, sous Louis XIII, La Serre tirait vanité du facile débit de ses livres, et que La Calprenède, tout noble qu'il était, s'achetait des manteaux avec les pistoles du libraire Courbé. Toutefois, ceux qui, pour vivre, comptaient sur le revenu de leurs livres faisaient exception à la règle. Parmi les auteurs, les uns, comme Brantôme et Bussy-Rabutin, étaient de fiers gentilshommes, qui ne prenaient une plume qu'à défaut d'une épée ; les autres, comme Desmarets, occupaient un emploi public ; quelques-uns se trouvaient placés sous le patronage du monarque, comme Molière et Racine ; la plupart, comme Mairet, étaient aux gages d'un grand seigneur. « Quand je n'aurais pas l'honneur d'être à vous comme je l'ai, écrivait Mairet au duc de Montmorency, et que le *don que je vous ai fait de moi* ne m'eût pas ôté la liberté de disposer de mes actions, je ne sais personne en France à qui plus justement qu'à vous je puisse présenter, comme je le fais, les premiers fruits de mon estude. » On voit tout ce qu'une semblable condition avait d'humiliant. Elle ne devait cesser néanmoins qu'avec le régime qui la consacrait. Jean-Jacques Rousseau, pour ne l'avoir pas voulu subir, fut impitoyablement calomnié dans son indépendance par ses jaloux confrères : moins heureux que Diderot, ce favori de Catherine II ; moins heureux que Voltaire, cet ami du grand Frédéric ; moins heureux que Grimm, ce courtier de tous les souverains philosophes du dix-huitième siècle. Pour changer cet état de choses, il ne fallait pas moins qu'une révolution, et, la veille même de cette révolution, ne trouve-t-on pas l'auteur du *Voyage du jeune Anacharsis* vivant à l'ombre de la faveur du duc de Choiseul, dans le riant exil de Chanteloup !

Vint 89, date à jamais célèbre ! Les écrivains alors cessèrent d'appartenir à quelqu'un ; mais, forcés de spéculer sur leurs œuvres, ils appartinrent à tout le monde. S'ils y ont gagné, je l'ignore ; mais certainement la société y a perdu. À quoi se réduisaient en effet les obligations de cette vie dépendante que l'homme de lettres menait autrefois auprès de l'homme puissant ? À je ne sais quel vain tribut de flatterie levé sur l'intelligence par la vanité d'un sot. C'était un mal ; mais la dignité de l'auteur en souffrait beaucoup plus que l'intérêt de la société. Les serviles préfaces où Corneille célébrait les vertus de Mazarin n'empêchaient pas l'auteur sublime de *Cinna* de s'écrier par la bouche d'Émilie :

Pour être plus qu'un roi, tu te crois quelque chose !

Aujourd'hui l'écrivain a pour maître, lorsqu'il exploite lui-même sa pensée, non plus celui qui l'héberge, mais celui qui le lit. Au lieu de l'homme qui aliène sa dignité, c'est l'auteur qui tend à abdiquer sa fonction.

Tel est souvent le caractère des révolutions, qu'elles emportent avec l'ivraie le bon grain qu'il a plu à Dieu d'y mêler. Celle de 89 ne fit pas autrement. De même qu'en abolissant les jurandes et les maîtrises, elle frappait d'un seul coup le monopole et l'association ; de même, en renversant tous les vieux pouvoirs, elle détruisit sans distinction, et ce qu'ils avaient de tyrannique, et ce qu'ils avaient de protecteur. La théorie de l'individualisme prévalut dans les lettres comme dans l'industrie. Le principe périt dans le violent effort que firent contre les représentants de ce principe les intérêts en révolte. Pour mieux briser le

DEUXIÈME PARTIE

moule, on portait la main sur l'idée. Dans ce profond ébranlement de tout ce qui était régime d'association et de protection, les gens de lettres n'ayant plus rien à attendre que d'eux-mêmes, prirent naturellement le parti de trafiquer de leur pensée, et le mercantilisme fit invasion dans la littérature. Autre malheur ; la littérature ne fut pas plus tôt devenue une profession lucrative, que ceux-là coururent en foule s'y précipiter qui trouvaient les autres carrières encombrées. Et comment n'y aurait-il pas eu encombrement dans toutes les sphères de l'activité humaine, lorsque l'individualisme, proclamé sous le nom de liberté, venait pousser à tous les excès d'une compétition universelle ? D'un autre côté, des mots magiques avaient retenti ; on avait écrit le mot *égalité* dans nos codes ; mais on n'en couvrait pas moins d'un mépris injuste les laboureurs, les artisans, les ouvriers ; on n'en élevait pas moins les enfants dans cette idée qu'il y a des métiers et des arts, des professions qui sont *libérales* et d'autres qui ne le sont pas. Ainsi on allumait dans les cœurs une soif ardente de distinctions frivoles ; ainsi on allait semant dans tous les jeunes esprits le germe des ambitions artistiques ou littéraires ; et l'instruction plus répandue, sans être mieux dirigée, préparait l'envahissement de la société par ce flot de jeunes hommes tous également tous également avides de renommée, tous également prompts à s'engager dans les routes battues, sur la foi de leurs désirs ou de leurs rêves.

Qu'est-il résulté de là ? Que le phénomène qui se manifestait dans l'industrie s'est manifesté dans les lettres. Il y a eu partout cohue, et partout il y a eu tiraillements, luttes sans fin, désordres de tout genre, désastres. La concurrence dans les lettres a produit des résultats analogues à ceux qu'elle produisait dans l'industrie. À côté de l'industriel falsifiant ses produits pour l'emporter sur ses rivaux par le bon marché, on a eu l'écrivain altérant sa pensée, tourmentant son style, pour conquérir le public par l'attrait funeste des situations forcées, des sentiments exagérés, des locutions bizarres, et, le dirai-je, hélas ! Des enseignements pervers. À côté de l'industriel écrasant à force de capitaux ses compétiteurs, on a eu l'écrivain riche gagnant de vitesse l'écrivain pauvre dans le domaine de la renommée, et se servant ensuite de l'éclat du nom acquis pour enchaîner dans l'ombre le mérite ignoré. Au sein d'une profusion de livres toujours croissante, le public est resté sans direction ; et n'ayant plus ni la possibilité ni le temps de choisir, il a fermé sa bourse aux écrivains sérieux, et jeté son âme en pâture aux charlatans. De là l'épouvantable abus des annonces, le trafic des éloges, la prostitution de la critique, les ruses de la camaraderie, toutes les hontes, tous les mensonges, tous les scandales.

Encore si, au prix de la dignité des lettres compromise, de la morale publique ébranlée, des sources de l'intelligence empestées, le gros des gens de lettres avait fait fortune ! Mais non : l'exploitation a été aussi ruineuse que hideuse ; on a commencé par le déshonneur et fini par la misère.

Puis, du milieu de ces ruines se sont levés les spéculateurs, et ils ont offert aux gens de lettres leur assistance. Ce qu'ils apportaient comme mise de fonds dans ces tripotages de l'esprit, ce n'était pas même de l'argent ; c'était quelque artifice nouveau d'exploitation, un procédé. Il a fallu accepter leur concours. Le concours s'est bien vite transformé en domination ; l'homme d'affaires n'a eu qu'à s'approcher de l'homme de talent pour l'absorber ; on a vu des écrivains, et des meilleurs, se vendre à des courtiers de phrases, non pas même en détail, mais en bloc, comme Mairet au duc de Montmorency, lorsqu'il lui écrivait : « *le don que je vous ai fait de moi* ». Qu'ajouter à ce tableau malheureusement trop fidèle ? Est-il vrai, oui ou non, que ce sont des mains à peine capables de tenir une plume qui agitent aujourd'hui le sceptre de la littérature ? Est-il vrai que chaque jour, à la porte de tel spéculateur tout-puissant, se morfondent de pauvres littérateurs demandant la publicité comme une aumône ? Et si cela est vrai, à quel degré d'abaissement sommes-nous donc descendus !

M. Henri de Latouche a décrit énergiquement cette déchéance de la littérature lorsqu'il a dit : « Les mœurs littéraires sont tournées à l'argent ; c'est l'idée fixe de notre époque, c'est le chien contagieux dont est mordu ce siècle épicier. Croiriez-vous qu'il s'est formé une congrégation d'assureurs contre la propagation des idées ? Nos hommes de style, comme les principicules d'outre Rhin, se confédèrent, non au profit des idées à répandre, mais des bénéfices à concentrer. Ils se sont garanti l'intégralité de leur territoire et l'inviolabilité de leurs frontières, qui sont très-prochaines. On se proclame ruiné si on vous emprunte un demi-article. C'est la sainte-alliance des paragraphes… on se demande comment ces messieurs se résignent à promener les personnes gratis sur nos boulevards sans tarifer les regards du passant. »

DEUXIÈME PARTIE

II

IMPUISSANCE ET ABSURDITÉ DU REMÈDE QU'ON A PROPOSÉ.

Maintenant quel rapport y a-t-il, je vous prie, entre la nature du mal que nous venons de décrire et celle du remède qu'on a proposé ?

Le mal est dans une affluence trop grande de littérateurs inutiles, mauvais ou dangereux ; et le remède proposé consistait à sanctionner législativement ce fléau !

Le mal est dans l'exploitation des livres par leurs auteurs ; et le remède proposé consistait à prolonger cette exploitation, à en faire un droit posthume !

Le mal est dans ce fait que la littérature n'est plus qu'un métier ; qu'on tient boutique de pensées ; que les lecteurs sont devenus des chalands dont il faut, pour conserver leur pratique, tenter les goûts, servir les caprices, flatter bassement les préjugés, entretenir les erreurs ; et le remède proposé consistait à convertir en un principe sacré ce fait déplorable, à lui donner la consécration de la loi !

Tant d'aveuglement se conçoit à peine.

Au reste, puisqu'on a parlé de propriété littéraire, voyons un peu ce que de tels mots signifient.

La propriété de la pensée ! Autant vaudrait dire la propriété de l'air renfermé dans le ballon que je tiens dans ma main. L'ouverture faite, l'air s'échappe ; il se répand partout, il se mêle à toutes choses : chacun le respire librement. Si vous voulez m'en assurer la propriété, il faut que vous me donniez celle de l'atmosphère : le pouvez-vous ?

Aux partisans du droit de *propriété littéraire*, nous demanderons d'abord, avec M. Portalis : qu'entendez-vous par une pensée qui appartient à quelqu'un ? Cette pensée vous appartient, dites-vous. Mais avec dix livres, peut-être, on a fait toutes les bibliothèques qui existent ; et ces dix livres, tout le monde les a composés.

Les grands hommes ne gouvernent la société qu'au moyen d'une force qu'ils lui empruntent à elle-même. Ils ne l'éclairent que par la concentration dans un ardent foyer de tous les rayons épars qui émanent d'elle. Ils lui dérobent le pouvoir de la conduire.

Cela est si vrai que, lorsque le Christ parut, le monde romain était dans l'attente et avait le pressentiment de l'Evangile. Quant à Luther, fit-il

Louis Blanc

autre chose que traduire ce désir de résistance qu'avait éveillé dans tous les cœurs la tyrannie de la papauté, et qui éclatait déjà partout en manifestations diverses, mais caractéristiques et puissantes ?

Ce raisonnement nous conduirait, on le voit, à abandonner la propriété du fond pour ne reconnaître que celle de la forme. Et M. de Balzac, à en croire une pétition qu'il a adressée aux chambres, serait fort de cet avis. Or, voici quel serait le résultat de cette belle théorie. Charles Fourier a cru devoir formuler en termes bizarres et peu intelligibles les idées qui composent le fond de son système. Vient un badigeonneur littéraire qui s'empare du système de Fourier, l'expose dans un style clair, élégant si on veut, et met le tout en vente. Vous voyez bien que, à côté de Fourier qui va mourir de faim, le badigeonneur s'enrichira. Entendue de la sorte, qu'est-ce que la propriété ? C'est le vol.

D'ailleurs, quelle que soit la part de tous dans la pensée de chacun, on ne niera pas du moins que la pensée ne tire de la publicité toute sa valeur. Que *vaut* la pensée dans la solitude ? La consommation des objets matériels se peut concevoir, en dehors de tout état de société : de même que cette consommation est individuelle, elle peut être solitaire. L'idée de société n'ajoute rien à la valeur des fruits que le sauvage cueille dans les bois, des animaux qu'il tue à la chasse. S'agit-il de la pensée ? C'est tout différent. Son importance croît en proportion des intelligences qui lui rendent hommage. La consommation détruit, fait disparaître les objets matériels. La publicité, cette consommation intellectuelle, loin de détruire les objets immatériels, les multiplie, les rend plus précieux, ajoute à leur fécondité, augmente leur chance de vie. Il n'est donc pas besoin de savoir d'où vient l'*origine* des productions de l'esprit, il suffit de savoir d'où vient leur valeur, pour comprendre qu'elles ne sauraient être le patrimoine de personne. Si c'est la société qui leur confère une *valeur*, c'est à la société seule que le droit de propriété appartient. Reconnaître, au profit de l'individu, un droit de propriété littéraire, ce n'est pas seulement nuire à la société, c'est la voler.

« Prenez garde ! S'écrie M. de Balzac dans sa brochure, si vous souffrez qu'on nie la propriété littéraire, la propriété foncière est en péril ; la logique, qui attaque l'une, aura bientôt renversé l'autre. » Comme tactique, rien de plus ingénieux que ce rapprochement ; comme argumentation, rien de plus pauvre. Si la propriété, après avoir été reconnue en fait, a été défendue en principe, ce n'a été que sous le rapport du profit que la société pouvait tirer d'une semblable convention et de

DEUXIÈME PARTIE

son inviolabilité. On a supposé que la société avait dit au propriétaire :
« Tu seras maître de ce domaine et tu pourras le laisser à tes enfants,
parce que les travaux de l'agriculture, pour devenir aussi féconds qu'ils
peuvent l'être, demandent de la sécurité, de la patience et du temps. Tu
pourras t'écrier, sans que personne ait la faculté de te contredire impunément :*Ceci est à moi*, parce que nous voulons que tu aies intérêt à
planter des arbres pour d'autres que pour toi, à creuser des canaux que
tes enfants achèveront, à ouvrir des mines si profondes que la vie d'un
homme ne suffirait pas à les explorer et à en épuiser les trésors. C'est
pour cela que nous te déclarons propriétaire. »

On est donc parti, pour défendre la propriété, de l'intérêt social, bien
ou mal entendu, sans parler de l'apparente nécessité de respecter un
fait aussi ancien, aussi généralement accepté, aussi difficile à ébranler
et même à modifier. Ici, rien de semblable. L'intérêt d'un auteur est
mis dans l'un des plateaux de la balance, l'intérêt social dans l'autre. Et
ce qu'on nous demande, c'est tout simplement de reconnaître qu'un
homme pèse plus que l'humanité.

La propriété littéraire est donc condamnée sans appel par son principe
même ; mais elle l'est bien plus rigoureusement encore par ses conséquences.

Si le droit de propriété littéraire est reconnu, il faut d'abord le rendre
héréditaire et perpétuel ; car, de deux choses l'une : ou il est contraire
à l'intérêt social, et alors pourquoi en consacrer le principe ? Ou il est
conforme à l'intérêt social, et alors pourquoi en limiter l'usage ? Dans le
premier cas, l'attentat est sans excuse ; dans le second, l'inconséquence
est monstrueuse.

Rien de plus pitoyable, en vérité, que cette discussion qui roule sur
le point de savoir si le privilége des auteurs leur survivra pendant dix,
trente ou cinquante ans. Ce n'est pas là évidemment la question.

Or, à quel danger la société ne s'expose-t-elle pas en consacrant la
perpétuité du droit des auteurs ? Dans un article plein de sens et de
verve, le*National* disait : « Si vous consacrez le droit de propriété de
l'auteur, que devient l'intérêt général ? Est-ce l'auteur lui-même qui
le garantira ? Et savez-vous par quelles phases mobiles cet auteur lui-
même pourra passer ? Ignorez-vous la biographie des écrivains les plus
illustres ? Racine, voué dans sa vieillesse à la traduction des psaumes, ne
voulait-il pas détruire *Phèdre* et*Andromaque* ? La Fontaine, assailli par

son confesseur, n'avait-il pas ordonné de brûler ses contes ? Je suppose qu'en 1814 le droit des collatéraux eût existé pour les œuvres de Voltaire et de Rousseau : le pouvoir séduit les héritiers. Les héritiers, usant de leur droit, aliènent pour une somme considérable la propriété de ces œuvres, et les voilà qui disparaissent. » Ces raisons sont excellentes, et combien d'autres viennent à l'appui ! Mais, en général, il me semble que dans toute cette discussion les adversaires du droit de propriété littéraire se sont trop exclusivement attachés à signaler les inconvéniens de la *transmissibilité*, de la *perpétuité* du droit. C'était à l'exercice du droit par l'auteur lui-même qu'il fallait s'attaquer. Au lieu de dire : « Substituez le mot *rétribution* au mot *propriété*, et bornant à dix ans la jouissance des héritiers, maintenez les choses au point où elles en sont ; » il fallait dire hardiment, courageusement, et comme il convient à ceux qui croient combattre pour la vérité : « Faites une loi, non pour consacrer la propriété littéraire, mais pour la déclarer anti-sociale et impie. Faites une loi pour abolir le *métier* d'homme de lettres, pour substituer au système de la propriété littéraire, non pas même celui de la rétribution individuelle, mais celui de la rémunération sociale. » Le fait est que ni les partisans de la propriété littéraire, ni ses adversaires, n'ont osé se montrer tout-à-fait logiques.

Pour moi, je n'hésite pas à répéter ici que ce n'est pas seulement l'exploitation d'un livre par les héritiers de l'auteur qui est funeste, mais bien l'exploitation du livre par l'auteur lui-même.

En effet, on arrive par là à établir que, dans la société, une idée doit être matière à échange, tout comme une balle de coton ou un pain de sucre, et que les bénéfices du penseur se doivent calculer sur le nombre de ceux qui profitent de sa pensée.

D'une part, cela est absurde ; de l'autre, cela est inique.

Car qui peut savoir de quelle manière la pensée arrive jusqu'à l'intelligence de chacun ? Recueillie dans un livre, une idée passe sur la palette du peintre ; le crayon du dessinateur s'en empare ; le ciseau du statuaire la taille dans le marbre ; elle vole sur l'aile du discours : la poursuivrez-vous à travers des manifestations qui sont infinies, à travers des espaces qui sont incommensurables ? Le monde peut devenir son domaine : le monde deviendra-t-il votre tributaire ? Ici, vous touchez à l'impossible ; encore un pas vous touchez à l'injustice. Les bénéfices de l'échange auront été pour tous ; l'impôt ne sera prélevé que sur quelques-uns. Je vous dois le prix de votre pensée pour l'avoir recueillie dans un livre : je ne vous dois rien, si je l'ai saisie sur les lèvres d'un orateur, si je l'ai vue sculptée sur la façade d'un monument ? Puisqu'on parle d'impôts, en est-il un dont la répartition soit plus folle ?

Quand il s'agit d'objets matériels, qu'on mesure les bénéfices de la production à l'étendue de la consommation, cela se peut concevoir : les limites de la consommation sont assignables, puisque, en fin de compte, c'est à une destruction que la consommation vient aboutir. Mais tracera-t-on des bornes à cette consommation intellectuelle, qui se nomme la publicité ? Une idée qui est consommée ne disparaît pas, encore un coup ; elle grandit, au contraire, elle se fortifie, elle s'étend à la fois, et dans le temps, et dans l'espace. Donnez-lui le monde pour consommateur, elle deviendra inépuisable comme la nature et immortelle comme Dieu !

Par conséquent, soumettre la pensée à la théorie de l'échange, c'est donner une quantité finie pour mesure à une quantité infinie. L'extravagance de ce système est flagrante.

Pour ce qui est de ses résultats, ils sont odieux. Les partisans de la propriété littéraire, c'est-à-dire de l'exploitation de la littérature par les littérateurs, se sont fièrement posés comme les protecteurs du génie, comme les patrons de l'intelligence ; et ils n'ont pas vu que, si leur système était rigoureusement appliqué, que si les vices n'en étaient pas quelquefois atténués par des emprunts faits au système contraire, celui de la rémunération sociale, il conduirait tout droit le génie à l'hôpital, et reléguerait dans la nuit les plus précieuses productions de l'intelligence. La démonstration est facile. Qui dit propriété littéraire, dit rétribution par l'échange ; qui dit rétribution par l'échange, dit commerce ; qui dit commerce, dit concurrence. Voilà donc les mauvais livres en concurrence avec les bons ; voilà certains romans qui gâtent le cœur et salissent l'esprit en concurrence avec des livres utiles, mais austères ; voilà le séduisant apostolat du vice en concurrence avec les plus hautes et les plus morales conceptions. Soyez-en sûrs, *Justine* trouvera plus d'acheteurs que les *Pensées de Pascal* ; ou bien encore, tel qui aurait volontiers payé tribut au génie de Pascal, ne le pourra plus à cause de l'impôt levé sur lui par M. De Sade. Ainsi, grâce à ce beau système de récompense, imaginé pour le génie, la puissance du mal sera centuplée ; le goût du public, irrémédiablement corrompu, rejettera toute nourriture substantielle ; et nous aurons tous les fléaux à la fois : pervertissement des esprits et des cœurs, par l'inondation des livres dangereux ; appauvrissement des

Louis Blanc

grands écrivains ; succès scandaleux de quelques hommes de talent sans scrupule ou de quelques auteurs frivoles.

Je ne veux pas faire descendre cette grave discussion à une misérable guerre de noms propres ; mais si des exemples étaient nécessaires, combienn'en pourrais-je pas citer ? Que de platitudes couronnées par la vogue ! Que de beaux livres enfouis ! Je n'écrirai pas ici la *somme d'argent* qu'a rapportée à son auteur une brochure sur *l'art de mettre sa cravate*, parce qu'il m'est impossible de ne pas songer à la pauvreté de certains grands hommes, et que le rouge me monte au front.

Un livre réussit aujourd'hui ; pourquoi ? à cause de son mérite ? Pas le moins du monde ; à cause de son éditeur. Le génie reçoit de la spéculation ses passe-ports.

Mais il est des éditeurs honnêtes, et qui rendent aux lettres des services réels. — Oui, grâce au ciel ! Et j'en connais, pour mon compte, en qui des écrivains du premier mérite ont trouvé une véritable providence. Mais le nombre de ces hommes recommandables est petit ; et, parmi ceux qui voudraient suivre leur exemple, beaucoup sont entraînés par le flot de la concurrence, et forcés, pour échapper aux désastres de l'industrie, d'éditer la corruption ou le scandale.

Ajoutez à cela que le véritable homme de lettres est en général fort étranger à la science du trafic. Il n'en est pas de même du fabricant de littérature. Il sait à merveille, celui-là, battre monnaie avec des livres ; c'est son métier. Le système de la rétribution par l'échange n'est en réalité qu'une prime offerte à l'esprit de spéculation.

Donc, soit qu'on examine le droit de propriété littéraire dans son principe, soit qu'on l'étudie dans ses nécessaires conséquences, on est également conduit à le condamner.

Tel était pourtant le point de départ de ce rapport de M. de Lamartine, dont on a fait tant de bruit.

M. de Lamartine commençait son rapport en ces termes :

« La société, en constituant toute propriété, a trois objets en vue : rémunérer le travail, perpétuer la famille, accroître la richesse publique. La justice, la prévoyance et l'intérêt sont trois pensées qui se retrouvent au fond de toute chose possédée. »

Pour que le travail fût rémunéré par le fait de la constitution de la propriété, il faudrait que tous ceux qui travaillent fussent propriétaires, et que tous les propriétaires eussent travaillé. C'est le contraire qui arrive. La constitution actuelle de la propriété, par sa nature même, permet à ceux qui en jouissent toutes les douceurs du repos, et rejette sur ceux qui sont privés de ses bénéfices tout le fardeau du travail. On a, d'un côté, un petit nombre d'hommes vivant grassement de leurs rentes ; et de l'autre, un grand nombre d'hommes vivant à peine du fruit de leurs sueurs. Que M. de Lamartine y réfléchisse un peu.

Pour ce qui est de perpétuer la famille, si c'est par la propriété qu'elle se perpétue, la famille des non-propriétaires ne saurait donc se perpétuer, et la phrase de M. de Lamartine doit être modifiée de la sorte : « La société, en constituant la propriété, a eu en vue de perpétuer la famille des uns, et d'empêcher que celle des autres ne se perpétue. »

En ce qui concerne l'accroissement de la richesse publique, il faudrait s'entendre. Si la richesse s'accroît, mais en se concentrant aux mains de quelques-uns, ce n'est pas une richesse *publique*. Sous l'empire de la propriété telle qu'elle est constituée, les riches sont-ils plus nombreux que les pauvres, ou les pauvres plus nombreux que les riches ?

Que M. de Lamartine eût dit : « La propriété a été constituée parce que la société n'a pas su jusqu'ici et ne sait pas encore de quelle manière sans cela elle s'arrangerait pour vivre, » à la bonne heure ! La thèse se pouvait soutenir. Mais en parlant ici de justice, de prévoyance, d'intérêt, M. de Lamartine a confondu l'intérêt de la société avec celui des heureux du monde, il a fait de la prévoyance une vertu de monopole, et il a pris à rebours la justice.

Continuons :

« Il y a des hommes qui travaillent de la main ; il y a des hommes qui travaillent de l'esprit. Les résultats de ce travail sont différents : le titre du travailleur est le même ; les uns luttent avec la terre et les saisons, ils récoltent les fruits visibles et échangeables de leurs sueurs ; les autres luttent avec les idées, les préjugés, l'ignorance ; ils arrosent aussi leurs pages des sueurs de l'intelligence, souvent de leurs larmes, quelquefois de leur sang, et recueillent au gré du temps la misère ou la faveur publique, le martyre ou la gloire. »

Cette exposition est évidemment incomplète. S'il y a des écrivains qui luttent contre les préjugés, il y en a qui les défendent. Les livres combattent quelquefois l'ignorance, mais quelquefois aussi ils l'entretiennent. Rousseau glorifie Dieu, mais d'Holbac le nie. Fénelon moralise la société, mais le marquis de Sade la corrompt. La science a ses Galilée, mais elle a ses Cagliostro, et peut-être a-t-elle fait moins de martyrs qu'elle n'a couronné de charlatans.

J'insiste sur cette distinction que M. de Lamartine a oubliée, parce que, lorsqu'il s'agira de rémunérer les travaux de l'intelligence, la première question à résoudre sera celle-ci : trouver le moyen de rémunérer le travail intellectuel, sans confondre dans la même récompense les écrivains qui enchantent et éclairent la société avec ceux qui la trompent et la dépravent ; car cela n'est conforme ni à la justice, ni à la prévoyance, ni à l'intérêt.

« Est-il juste, est-il utile, est-il possible de consacrer entre les mains des écrivains et de leurs familles la propriété de leurs œuvres ? Voilà les trois questions que nous avions à nous poser sur le principe même de la loi, formulé dans ses premiers articles. Ces questions n'étaient-elles pas résolues d'avance ? Qu'est-ce que la justice, si ce n'est la proportion entre la cause et l'effet, entre le travail et la rétribution ? »

Acceptons cette définition de la justice. Si elle est exacte, il est clair que rien n'est plus souverainement injuste que de placer dans le droit de propriété littéraire la rémunération des travaux de l'esprit.

Que Laplace n'ait d'autre récompense matérielle de ses écrits que le droit d'en disposer et de les vendre : comme un ouvrage sur la *Mécanique céleste* s'adresse naturellement à un fort petit nombre de lecteurs, quelle proportion y aura-t-il entre le travail et la rétribution de Laplace ? Mais voici un romancier qui noircit à la hâte quelques pages, non-seulement mauvaises, mais corruptrices, à l'usage de tous les lecteurs désœuvrés. L'homme de génie court grand risque de mourir pauvre, et notre romancier, sans même avoir eu besoin de brûler son huile, aura voiture et laquais. Quelle manière d'entendre la justice distributive ! Mais, direz-vous, l'État prendra l'homme de génie sous son patronage, il lui conférera des dignités, l'élèvera aux plus hauts emplois. Prenez garde ! Vous sortez de votre système ; et cette nécessité où vous êtes d'en sortir prouve mieux que tout ce que je pourrais dire combien il renferme d'inégalités choquantes et consacre d'injustices.

« Cela est-il utile ? Il suffirait de répondre que cela est juste ; car la première utilité pour une société, c'est la justice. Mais ceux qui demandent s'il est utile de rémunérer dans l'avenir le travail de l'intelligence ne sont donc jamais remontés par la pensée jusqu'à la

DEUXIÈME PARTIE

nature et jusqu'aux résultats de ce travail. Ils auraient vu que c'est le travail qui agit sans capitaux, qui en crée sans en dépenser, qui produit, sans autre assistance que celle du génie et de la volonté. Jusqu'à ses résultats ? Ils auraient vu que c'est l'espèce de travail qui influe le plus sur les destinées du genre humain ; car c'est lui qui agit sur la pensée, qui la gouverne. Que l'on parcoure en idées le monde et les temps, Bible, Védas, Confutzée, Évangile, on retrouve partout un livre saint dans la main du législateur, à la naissance d'un peuple. Toute civilisation est fille d'un livre. L'œuvre qui crée, qui détruit, qui transforme le monde, serait-elle une œuvre indifférente au monde ? »

Où en sommes-nous ? Il s'agit de prouver qu'il est *utile de consacrer entre les mains des écrivains et de leur famille la propriété de leurs œuvres.* Et au lieu de cela, M. de Lamartine nous prouve, ce que aucun de nous n'a jamais mis en doute, que la pensée est utile ! Voilà un étonnant paralogisme. Oui, certainement la pensée est utile ; et bien loin de nier cette vérité, c'est au contraire sur elle que nous nous appuyons pour demander qu'on n'en gêne pas le cours, qu'on n'en puisse jamais arrêter la propagation. C'est parce que toute civilisation est fille d'un livre que nous ne voulons pas qu'il soit permis, même à l'auteur d'un de ces livres, après qu'on l'en aurait déclaré propriétaire, de le déchirer et d'en jeter les feuillets au vent. Et ce que nous refusons à l'auteur, par respect pour Dieu, premier auteur des livres que vous appelez saints, vous l'accordez, vous, à un héritier qui sera un idiot, peut-être un scélérat ou un fou ! Et c'est au nom des services immenses qu'un livre peut rendre à l'humanité que vous reconnaissez à un individu, qui ne l'aura pas fait ce livre, qui souvent sera hors d'état de le comprendre, l'inconcevable droit de le détruire ! Car si vous admettez ce fait comme peu probable, il faut du moins que vous le teniez pour légitime, sous peine de renverser d'une main l'édifice que vous élevez de l'autre, sous peine de décréter la propriété en dépouillant le propriétaire des prérogatives qui la constituent. Se figure-t-on l'Évangile appartenant, par droit de succession, à monsieur un tel ? Se figure-t-on un spéculateur achetant le droit exclusif de mettre en vente le salut du genre humain ?

« Enfin, cela est-il possible ? Cette richesse éventuelle et fugitive qui résulte de la propagation matérialisée de l'idée par l'impression et par le livre est-elle de nature à être saisie, fixée et réglementée sous forme de propriété ? À cette question, le fait avait répondu pour nous. Cette propriété existe, se vend, s'achète, se défend comme toutes les autres.

Louis Blanc

Nous n'avions qu'à étudier ses procédés, et à régulariser ses conditions pour la faire entrer complètement dans le domaine des choses possédées et garanties à leurs possesseurs. C'est ce que nous avons fait. »

M. Berville a si victorieusement répondu à ce passage du rapport de M. de Lamartine, que nous ne saurions mieux faire que de reproduire textuellement ici les paroles de M. Berville :

« En proclamant la propriété, soit perpétuelle, soit cinquantenaire, ce qui, dans la pratique, aboutit presque au même résultat, vous sortez des mains de l'auteur, vous rencontrez les héritiers. Eh bien ! Les héritiers, passe encore pour la première génération, en supposant toutefois que ce ne soient pas des collatéraux ; mais une fois que ces héritiers viennent à se disséminer, où les prendrez-vous ? Faudra-t-il que la propriété littéraire soit formulée en une sorte d'aristocratie, qu'elle ait ses Chévrin et ses d'Hozier ? Ou faudra-t-il avoir un *livre d'or* comme à Venise ? Ce n'est pas tout : ce droit que vous accordez, ce n'est pas seulement aux héritiers qu'il est donné ; la propriété n'est pas transmissible seulement par héritage, elle l'est encore par vente, par donation ; vous l'accordez donc aux cessionnaires ; et comme ces contrats ne sont pas choses publiques, il faudra les deviner, il faudra savoir à qui vous adresser. Où s'arrêteront vos recherches ? »

M. Berville a raison. On ne saurait étendre l'exercice de la propriété littéraire sans s'approcher de plus en plus du chaos. En concluant de ce qui est possible avec le délai de vingt ans, à ce qui serait possible avec le délai de cinquante, M. de Lamartine n'a pas vaincu la difficulté : il l'a éludée. Il n'a pas pris garde qu'à mesure que les années se succèdent, la propriété littéraire change de main et se divise de telle sorte qu'il devient enfin impossible d'en suivre la trace.

Le rapport de M. de Lamartine ne prouve donc rien de ce qu'il voulait prouver.

Mais que dire de la discussion à laquelle il a donné lieu ?

M. G. Cavaignac a écrit dans le *Journal du Peuple* un article où se trouve traitée d'une manière très élevée la question qui nous occupe. « L'homme de talent ne doit pas plus qu'un autre être esclave de la misère ; mais s'il ne s'adonne point volontairement à cette indépendante pauvreté qui sied aux âmes fortes, aux existences simples, du moins il ne doit pas nourrir les idées de luxe, ni les goûts qui les inspirent. Lorsqu'un écrivain aime l'argent, on peut toujours douter qu'il ait du talent ou qu'il en conserve. S'il en a, l'avarice le dégrade, le luxe l'énerve. S'il en avait, l'écrivain ne chercherait, ce me semble, son plaisir que dans son esprit même et dans sa renommée ; que dans sa conception, dans son influence : il n'aurait pas besoin, sans doute, des jouissances d'Harpagon ou de Turcaret. Notre société n'a plus rien de ces conditions cénobitiques, rien de ces existences graves qui conservaient du moins la tradition des mœurs austères et désintéressées, des règles d'isolement et d'abstinence, des dévouements modestes et fidèles. Plus de bénédictins labourant à l'écart quelque coin du monde savant ; plus de missionnaires portant au loin leurs doctrines, jusqu'au fond de contrées sans échos pour leur nom ; plus de corporations enseignantes se cloîtrant dans la sobriété et l'obscure utilité des colléges. Tout cela certes se mêlait à trop d'abus et de vices pour que nous en regrettions le temps, mais nous regrettons l'exemple de ces nobles et graves habitudes de désintéressement, de retraite, de dévotion au bien et à l'étude. C'est un rôle vacant aujourd'hui, et que nous voudrions voir rempli par des hommes de lettres dignes de ce nom. »

Voilà de nobles pensées, noblement exprimées et la chambre aurait dû se placer à cette hauteur pour discuter la question. Mais faire de la pensée une chose, et chercher péniblement combien durera pour une famille la possession de cette chose ; mais épuiser toutes les arguties que peut fournir l'esprit de chicane pour arriver à savoir si les créanciers d'un éditeur, par exemple, pourront, oui ou non, saisir entre ses mains le génie d'un grand homme, comme gage de leurs créances ; et si le mari, dans le régime de la communauté, aura le droit, comme chef de l'administration, de publier, sans l'aveu de la femme, les ouvrages de son conjoint ; et si c'est à la femme qu'appartiendra, sans restriction, le droit de publier les œuvres posthumes de son mari, etc., etc. ; tout cela est puéril, tout cela est misérable. De ces querelles de procureur, que devait-il éclore ? Qu'on en juge :

1° le droit exclusif de publier un ouvrage est accordé à l'auteur et à ses représentants pendant toute la vie de l'écrivain et trente ans après sa mort ;

2° ce droit est déclaré insaisissable dans la personne de l'auteur et saisissable seulement dans celle du cessionnaire, et par les créanciers de celui-ci ;

3° À défaut de convention expresse, l'auteur n'est censé céder qu'une première édition.

Louis Blanc

Telles étaient les principales dispositions de la loi proposée d'après les principes émis dans le rapport de M. de Lamartine. La conclusion était digne de l'exorde. Ô Descartes ! ô Montaigne ! ô Pascal ! ô Jean-Jacques ! ô vous tous dont les écrits ont livré à la nation française la royauté intellectuelle du monde, que diriez-vous si vous pouviez voir quel triste usage on fait de votre renommée, et pour le triomphe de quelle cause on invoque vos noms immortels ?

Du moins, si ce qu'on enlève à la majesté de la fonction, on l'ajoutait au bien-être de ceux qui l'exercent dignement ! Mais, parce qu'on aura étendu de vingt à trente ans, la jouissance de l'héritier, s'imagine-t-on que le sort des hommes de lettres sera bien réellement amélioré ? L'écrivain courageux qui consacre les trois quarts de sa vie à un ouvrage destiné à peu de lecteurs en sera-t-il mieux rétribué ? Le jeune homme qui n'a ni relation, ni fortune, ni renommée, en trouvera-t-il plus aisément un éditeur ? La vogue en sera-t-elle moins acquise à tout auteur qui flatte les travers et les vices de son époque, au détriment de qui les redresse, les combat et les flétrit ? Voilà les plaies qui appellent un prompt remède. Et au lieu de songer à les guérir, nos législateurs se préoccupent... de quoi ? J'ai honte en vérité de le dire : — Le petit-fils d'un homme de génie, mourant de faim, quel spectacle ! — Ce spectacle serait douloureux, en effet. Mais comment le petit-fils d'un homme de génie peut-il être exposé à mourir de faim ? Si c'est parce qu'il ne veut rendre à la société aucun service, je ne saurais le plaindre. Si c'est parce que ses services ne sont pas récompensés comme il convient, par la société, la faute en est à votre organisation sociale : changez-la.

III

QUEL EST, SELON NOUS, LE MOYEN DE REMÉDIER AU MAL.

Voici, dans toute loi sur la littérature et les gens de lettres, les résultats à obtenir :

1° affaiblir autant que possible l'influence désastreuse qu'exerce sur la littérature la guerre acharnée que se livrent les éditeurs ;

2° fournir à tout auteur de mérite, pauvre et inconnu, le moyen d'imprimer ses œuvres et de faire connaître son talent.

3° établir parallèlement au système de la rétribution par l'échange, un mode de rémunération qui proportionne la récompense au service, la

DEUXIÈME PARTIE

rétribution au mérite, et encourage les travaux sérieux, en affranchissant les écrivains de la dépendance d'un public qui court de préférence à ce qui l'amuse, et ne paie trop souvent que pour être corrompu ou trompé ;

4° faire en sorte que les livres les meilleurs soient ceux qui coûtent le moins cher.

5° créer une institution qui, par sa nature, limite les bénéfices des contrebandiers littéraires, et combatte cette honteuse tendance des écrivains à se faire spéculateurs ou pourvoyeurs de la spéculation.

Pour atteindre, au moins en partie, les divers résultats qui viennent d'être énumérés, nous proposerions ce qui suit :

Une librairie sociale serait fondée par les moyens et sur les bases indiqués dans ce livre au chapitre *Organisation du travail*.

Cette librairie sociale relèverait de l'État, sans lui être asservie. Elle se gouvernerait elle-même, et ferait elle-même, entre ses membres, la répartition des bénéfices obtenus par le travail commun, ainsi qu'il a été dit dans l'article précité. Seulement, sa constitution serait originairement réglée par des statuts que l'État aurait rédigés en forme de loi, et dont il aurait à surveiller la stricte exécution.[1]

Conformément à ces statuts, la librairie sociale n'aurait à payer aucun droit d'auteur. Le prix des livres qu'elle jetterait dans la circulation serait déterminé d'avance par l'État, et calculé en vue du meilleur marché possible.

Tous les frais d'impression seraient à la charge de la librairie sociale. Un comité d'hommes éclairés, choisi et rétribué par elle, recevrait les ouvrages.

Les écrivains dont la librairie sociale éditerait les œuvres acquerraient, en échange de leurs droits d'auteurs, dont ils feraient l'abandon, le droit exclusif de concourir pour les récompenses nationales.

Il y aurait au budget un fonds spécialement destiné à rétribuer, sous forme de récompense nationale, ceux des auteurs susdits qui, dans toutes les sphères de la pensée, auraient le mieux mérité de la patrie.

---

1 Je ferai remarquer à ce sujet qu'à l'exception de M. Louis Reaybaud, tous les critiques qui ont bien voulu s'occuper du petit écrit intitulé *Organisation du Travail*, nous ont reproché de charger l'État d'une besogne immense, partant impossible. S'ils avaient lu notre livre plus attentivement, ils auraient vu que nous faisions de l'État, non pas le directeur des ateliers sociaux, mais leur législateur, ce qui est bien différent.

Louis Blanc

Toutes les fois que le premier ouvrage d'un auteur aurait été jugé digne d'une récompense nationale, il y aurait lieu à accorder une prime à la librairie sociale. Cette prime aurait pour but d'encourager la librairie à prêter son appui aux jeunes talents, et de l'indemniser des pertes auxquelles cette protection pourrait quelquefois l'exposer.

Les représentants du peuple nommeraient, chaque année, et pour chaque genre de travail intellectuel, un citoyen qui serait rétribué par la librairie sociale, et aurait mission d'examiner, dans sa sphère, les ouvrages sortis des presses sociales. Il aurait une année entière pour approfondir les critiques qui seraient faites de ces ouvrages, étudier l'impression que la société en aurait reçue, interroger enfin l'opinion publique, représentée par ses organes les plus intelligents, et non par la multitude aveugle des acheteurs. Au bout de l'année, il soumettrait aux représentants du peuple les résultats de son examen, dans un rapport motivé et soigneusement détaillé. Un mois après la publication de ce rapport, qui serait faite avec toute la solennité convenable, les représentants du peuple feraient, entre les auteurs jugés dignes de la reconnaissance de la patrie, la répartition du fonds des récompenses nationales. Il va sans dire que, dans cette répartition on aurait égard à la nature des travaux et au temps employé pour les accomplir.

Ce système paraîtra naïf aux uns, bizarre aux autres, je le sais ; et déjà les objections s'élèvent en foule. Voyons un peu cependant.

Personne n'ignore de combien d'obstacles est aujourd'hui hérissée l'entrée de la carrière littéraire. Êtes-vous jeune, êtes-vous pauvre, êtes-vous si peu favorisé du destin qu'il ne vous ait donné qu'une bonne intelligence et un noble cœur ?... Alors, malheur à vous ! Malheur à vous, surtout, si, prenant votre vocation au sérieux, vous n'avez songé qu'à travailler pour l'avenir, avec l'amour des hommes, et sous l'œil de Dieu ! Les difficultés s'entasseront sur vos pas, et l'air manquera longtemps peut-être à votre intelligence. Les dispensateurs patentés de la gloire vous répondront, si vous allez à eux, à supposer qu'ils soient en état de vous comprendre, que votre nom est trop obscur et votre œuvre trop sérieuse, que le succès n'appartient qu'aux réputations acquises et aux écrits décevants, que trop de désordre s'est introduit dans les affaires de ce siècle, pour qu'un éditeur prudent se hasarde à publier à ses risques et périls un livre sans estampille ; ou bien, ils vous épargneront l'humiliation d'un refus, mais en vous imposant les conditions les plus dures, et en vous faisant de la publicité une aumône spoliatrice.

DEUXIÈME PARTIE

Le système que nous proposons indique un remède à ce mal immense. En substituant une association qui traite au grand jour à des individus isolés qui traitent dans l'ombre, il coupe court aux fraudes et aux violences que provoque et protége l'obscurité des relations privées. Il fait dépendre la publication des bons livres, non plus de spéculateurs, qui n'ont souvent d'autre intelligence que celle du commerce, mais d'hommes compétents, qu'il intéresse au succès de toute œuvre utile et recommandable. En un mot, il tend à ouvrir une issue aux talents ignorés, et à féconder tous les germes que la société cache dans son sein.

Aujourd'hui, et sous l'empire, de jour en jour plus envahissant, des passions mercantiles, il est manifeste que la littérature se rapetisse, se corrompt, se dégrade, se prostitue. Les écrivains, n'ayant plus d'autre perspective que l'argent, et d'autre moyen d'en avoir que le commerce, la pensée n'est plus qu'une affaire de courtage ; et comme la *qualité* importe peu dans ce genre de trafic, c'est sur la *quantité* qu'on spécule, on inonde le marché de mauvais livres, et les perles restent à jamais enfouies dans ce fumier. Adieu les travaux patients et méritoires ! Est-ce que la cupidité peut attendre ? Adieu ce génie qui est l'étude ! Pour jouir de la vie, faut-il laisser venir la vieillesse ? D'ailleurs, à quoi bon ? L'État n'existant que de nom, et la société n'étant qu'un amalgame confus d'individus juxtaposés, où serait l'acheteur des œuvres sur lesquelles se consume toute une vie ? La gloire ici ne viendrait pas même consoler le courage de la pauvreté. Car là où l'argent sert de récompense à l'écrivain, le jugement de la postérité, c'est l'affluence de ceux qui paient ; et la gloire, c'est la vogue.

Dans le système proposé, beaucoup de ces inconvénients disparaîtraient. L'homme de lettres serait élevé jusqu'à sa mission, lorsqu'il aurait devant lui, comme encouragement à l'étude, la perspective d'une récompense qui témoignerait de ses services, le dédommagerait de son désintéressement et le déclarerait solennellement créancier de son pays.

Mais, jusqu'à ce que cette récompense eût été obtenue, comment l'homme de lettres lutterait-il, s'il était pauvre, contre la nécessité de vivre ? Il imiterait Jean-Jacques : en dehors de son travail intellectuel, il se vouerait à l'exercice d'une profession lucrative. La dignité de l'homme de lettres, son indépendance, sa royauté, ne sont qu'à ce prix. L'homme, grâce au ciel, a reçu de Dieu des aptitudes diverses. Pourquoi sa fonction serait-elle *une*, quand sa nature est *multiple* ? Aussi bien, l'intelligence ne saurait être continuellement en gestation ; comme la

Louis Blanc

terre, elle veut être ménagée, et la variété des semences qu'on lui confie redouble sa fécondité.

On demandera peut-être ce que deviendraient, dans notre système, les écrivains qui, prisant la gloire beaucoup moins que l'argent, n'acceptent pour juges que leurs acheteurs ; Ceux-là auraient la ressource d'éditer eux-mêmes leurs œuvres ou de les éditer, tout comme cela se passe aujourd'hui. La condition, il est vrai, deviendrait moins favorable, puisque la librairie sociale ferait une concurrence sérieuse aux éditeurs particuliers. Mais de quels écrivains est-il ici question ? De ceux qui, par l'attrait que leurs livres empruntent soit à la frivolité, soit à la corruption, soit au scandale, font pour ainsi dire violence à la bourse d'un grand nombre de lecteurs, et courent après les gros bénéfices. Or, quand le bénéfice des livres futiles ou dangereux serait diminué au profit des bons livres, où serait le mal ? Est-ce que la société peut souffrir qu'on devienne démesurément riche en la trompant, alors qu'en la servant on est exposé à demeurer pauvre ? Cela est-il équitable ? Et la nation au sein de laquelle se produit ce honteux phénomène, ne penche-t-elle pas du côté des abîmes ? Oui, le système proposé aurait pour résultat inévitable de réduire le nombre et les bénéfices de ceux qui font de la pensée métier et marchandise. Mais ce résultat milite en faveur du système, loin de le combattre.

Nous prévoyons une autre objection. On va nous opposer le danger de rendre l'État arbitre souverain des productions de l'esprit. Mais pour peu qu'on y réfléchisse, on sera tout-à-fait rassuré. L'État, je le répète, serait le législateur de la librairie sociale, il n'en serait pas le directeur. Une fois les statuts rédigés, il en surveillerait l'exécution, comme il surveille l'exécution de la loi qui défend d'escalader une maison ou de tuer un passant. Là se bornerait son intervention. Qu'aurait-elle d'absorbant et de tyrannique ? Quant aux récompenses nationales, ce ne serait pas le pouvoir exécutif qui les décernerait, mais la société elle-même, représentée par ceux qui en forment l'élite, et qu'elle choisit pour la personnifier et la résumer. Qui nous répond, direz-vous, des lumières et de la probité de ceux qui seraient appelés à désigner les candidats ? Ce qui vous en répond, je vais vous le dire en deux mots : leur intérêt. Car j'admets pour un moment, et l'hypothèse est exorbitante, qu'une assemblée choisisse un ignorant pour la guider dans l'appréciation des œuvres scientifiques : est-ce que cet ignorant accepterait une mission semblable ? Est-ce qu'il s'exposerait de gaieté de cœur à la risée du

DEUXIÈME PARTIE

monde ? Et si à la place d'un ignorant vous mettez un homme corruptible, quel excès d'audace et d'impudence ne lui faudrait-il pas pour braver la responsabilité morale la plus lourde qui ait jamais pesé sur un homme ? Qu'on le remarque bien : il ne s'agit pas ici d'une académie délibérant à huis clos, et composée d'hommes entre lesquels la responsabilité s'égare et s'évanouit ; la responsabilité ici serait personnelle, nominative : il faudrait la repousser ou l'accepter tout entière. Et puis, tout s'accomplirait au grand jour, tout se ferait avec retentissement.

On aurait à se prononcer sur le plus élevé de tous les théâtres, devant son pays, devant le monde entier. Le juge aurait eu toute une année pour former son jugement. Quand il l'exprimerait, la critique aurait déjà parlé ; l'opinion de tous les hommes intelligents serait connue : que de garanties, sans parler de celle qui résulterait du choix fait par l'assemblée ! Car quelque défiance qu'on ait des assemblées délibérantes, on nous accordera du moins qu'il est des questions devant lesquelles l'esprit de parti est frappé d'impuissance.

Au reste, que des erreurs fussent possibles, une pareille objection est absolument sans valeur. À quelle institution ne s'adresse-t-elle pas ? Une société se passera-t-elle de lois parce que le législateur n'est pas infaillible ? Renverserez-vous vos tribunaux parce qu'une erreur de jugement peut y décider de la fortune d'un citoyen, de sa liberté, de sa vie ? Aussi longtemps qu'il y aura des hommes soumis aux écarts de l'intelligence, et dupes des passions du cœur, tous les systèmes seront imparfaits. Ceux qui donnent la réalisation de leurs idées comme une panacée universelle, d'un effet immédiat, sont des charlatans dont il faut se défier ou des illuminés qu'il faut plaindre. Quand un système est produit avec bonne foi, il convient donc de l'examiner avec bonne foi, c'est-à-dire de chercher, non pas s'il est tout-à-fait exempt d'imperfections, mais si la somme des avantages qu'il présente n'est pas supérieure à celle des inconvénients qui en découlent.

Notre système ne comprend pas la littérature dramatique, parce que le spectacle étant un moyen direct de gouvernement, il y a lieu d'établir pour la littérature dramatique des règles particulières. Ce sera le sujet d'un travail ultérieur.

Nous n'avons rien caché de notre pensée. Tant pis pour ceux qu'aurait blessés notre franchise ! Mais nous nous devions, comme citoyen, de protester contre des doctrines qui aboutissent à l'altération de la littérature et à la dégradation des hommes de lettres.

Louis Blanc

M. de Lamartine a dit dans son rapport :

« Que ne devons-nous pas à ces hommes dont nous avons laissé si longtemps dilapider l'héritage ? Cinq ou six noms immortels sont toute une nationalité dans le passé. Poètes, philosophes, orateurs, historiens, artistes, restent dans la mémoire l'éclatant abrégé de plusieurs siècles et de tout un peuple.

« Montaigne joue en sceptique avec les idées, et les remet en circulation en les frappant du style moderne. Pascal creuse la pensée non plus seulement jusqu'au doute, mais jusqu'à Dieu. Bossuet épanche la parole humaine d'une hauteur d'où elle n'était pas encore descendue depuis le Sinaï. Racine, Molière, Corneille, Voltaire, trouvent et notent tous les cris du cœur de l'homme. Montesquieu scrute les institutions des empires, invente la critique des sociétés et formule la politique ; Rousseau la passionne, Fénelon la sanctifie, Mirabeau l'incarne et la pose sur la tribune. De ce jour, les gouvernements rationnels sont découverts, la raison publique a son organe légal, et la liberté marche au pas des idées, à la lumière de la discussion. Mœurs, civilisation, richesse, influence, gouvernement, la France doit à tous ces hommes ; nos enfants devront tout peut-être à ceux qui viendront après eux. Le patrimoine éternel et inépuisable de la France, c'est son intelligence ; en en livrant la généreuse part à l'humanité, en s'en réservant à elle-même cette part glorieuse, qui fait son caractère entre tous les peuples, le moment n'était-il pas venu d'en constituer en propriété personnelle cette part utile qui fait la dignité des lettres, l'indépendance de l'écrivain, le patrimoine de la famille et la rétribution de l'État ? »

Ah ! Monsieur, lorsque vous laissiez tomber ces mots de votre plume, est-ce qu'aucune voix n'a murmuré dans votre cœur, vous avertissant que vous vous égariez ? Quand il s'agit d'apprécier l'importance des hommes de génie, vous en faites des demi-dieux ; et quand il s'agit de régler leur sort, vous en faites des brocanteurs ! Votre admiration les élève jusqu'au ciel, et votre système les précipite dans l'abîme ! Votre talent vous a trahi, monsieur, ne vous en défendez pas. Votre éloquence même condamne vos conclusions, et je ne veux d'autre preuve contre vous que la magnificence de votre langage. Non, il n'est pas possible qu'un poète ait été tout-à-fait sincère avec lui-même, lorsqu'il a invoqué tant de gloire et de grandeur à l'appui d'aussi misérables intérêts ! Non ! Cela n'est pas possible. Je crois vous deviner, monsieur : riche et sans enfants, vous avez été séduit par cette idée qu'en réclamant le

DEUXIÈME PARTIE

droit de battre monnaie pour les gens de lettres et leurs héritiers, vous plaidiez une cause qui n'était point la vôtre. Pauvre, vous n'auriez jamais demandé que la rémunération des gens de lettres se soldât en écus. Père de famille, vous auriez cru suffisant pour vos successeurs l'héritage de votre nom. Vous vous êtes trompé vous-même ; vous avez été généreusement dupe du rôle désintéressé que dans cette cause vous avait ménagé le destin.

Ce n'est pas un des moins tristes symptômes du mal qui ronge aujourd'hui la société que cette religion de l'industrialisme hautement professée par un aussi grand poète que M. de Lamartine, par un homme d'une intelligence aussi élevée. Ainsi, l'industrialisme va rapetissant les situations et les cœurs ; il envahit les choses ; il s'asservit les hommes ; il ose dire au poète lui-même,comme le tentateur à Jésus :*Si cadens adoraveris me*, et le poëte se prosterne ! Eh bien ! Tant qu'il nous restera un souffle de vie, et dût notre voix se perdre dans l'immense clameur de toutes les cupidités en émoi, nous combattrons, nous, ces tendances dégradantes ; nous demanderons que le désintéressement soit conservé au nombre des grandes vertus ; nous demanderons que l'honneur, que la gloire, que la satisfaction du devoir rempli, ne cessent pas d'être proposés pour but et pour récompense à l'activité humaine ; nous demanderons qu'on n'appauvrisse pas l'homme à ce point, qu'il ne lui reste plus d'autre mobile que l'amour de l'or. Et à ceux qui ne savent pas tout ce qu'il doit y avoir de noblesse dans l'âme d'un écrivain, nous rappellerons ces sublimes paroles de Jean-Jacques:[1]

« Non, non, je le dis avec autant de vérité que de fierté ; jamais, en aucun temps de ma vie, il n'appartint à l'intérêt ni à l'indigence de m'épanouir ou de me serrer le cœur. Dans le cours d'une vie inégale et mémorable par ses vicissitudes, souvent sans asile et sans pain, j'ai toujours vu du même œil l'opulence et la misère. Au besoin, j'aurais pu mendier ou voler comme un autre, mais non pas me troubler pour en être réduit là. Jamais la pauvreté ni la crainte d'y tomber ne m'ont fait pousser un soupir ni répandre une larme. Mon âme, à l'épreuve de la fortune, n'a connu de vrais biens ni de vrais maux que ceux qui ne dépendent pas d'elle, et c'est quand rien ne m'a manqué pour le nécessaire, que je me suis senti le plus malheureux des mortels. »

---

1 *Confessions*, t. Iᵉʳ, p. 134-135.

Louis Blanc

APPENDICES

Appendice 1
CE QUI POURRAIT ÊTRE TENTÉ DÈS À PRÉSENT.

Dans l'ouvrage qu'on vient de lire, nous avons exposé la marche qu'aurait à suivre, pour amener progressivement une équitable et saine organisation du travail, un gouvernement ami du peuple et issu des suffrages populaires. Le plan proposé suppose, par conséquent, comme, moyen d'arriver à une révolution sociale, l'accomplissement d'une révolution politique.

Or, il est possible qu'elle soit éloignée encore, cette heure attendue où l'État ne sera plus qu'un résumé vivant du peuple. Et, en attendant, que de désordres dans le domaine du travail devenu un véritable champ-clos ! que de souffrances ! que de misères !

Aussi avons-nous entendu ce cri s'élever : Jusqu'à ce qu'une révolution politique se puisse faire, n'y a-t-il, pour les ouvriers, aucun essai à tenter ?

À Dieu ne plaise que cette opinion soit la nôtre ! Il faut se défier sans doute de la puissance des efforts partiels ; mais ce n'est pas nous qui conseillerons au peuple l'immobilité dans le mal et la douleur.

Seulement, qu'on prenne garde aux tentatives imprudentes ou fausses ! Qu'on prenne garde aux tentatives qui seraient de nature, soit à donner le change sur le but définitif à atteindre, soit à compromettre et à décrier le principe d'association !

Naguère il est arrivé que, sous l'inspiration d'un sentiment honorable, quelques membres, connus, du parti démocratique, se sont réunis pour discuter ensemble cette question, si grande et tant agitée, de l'organisation du travail. Chercher par quel moyen pratique on pourrait tendre, dans l'état présent des choses, à la réalisation du principe d'association, tel était le point sur lequel il s'agissait de s'entendre.

Le parti qui a réuni la majorité des suffrages consisterait à former une association de crédit qui présidât à la naissance de diverses associations de travailleurs, leur fournît des instruments de travail, leur imprimât une direction, mais en laissant la concurrence s'exercer entre elles, et sans leur demander d'asseoir leur existence sûr l'établissement d'un capital collectif, sujet à s'accroître indéfiniment, inaliénable enfin.

Pour nous, nous ne saurions nous associer à un projet semblable :

1° Parce que toute association d'ouvriers qui ne s'impose pas la loi de s'étendre indéfiniment au moyen d'un capital collectif et inaliénable, se trouve avoir des intérêts distincts de ceux de la masse des prolétaires, lesquels n'arriveront à s'affranchir qu'en se considérant comme une même famille ;

2° Parce que aider tels ou tels ouvriers à former entre eux une association particulière et limitée, c'est créer des privilégiés parmi les travailleurs, et établir des catégories là où tout doit tendre, au contraire, à l'unité ;

3° Parce que la grande et universelle émancipation des travailleurs n'aura jamais lieu, tant que subsistera la concurrence, source intarissable de haines, de jalousies, de fraudes et de désastres ;

4° Parce que, dans l'état de concurrence, ajouter à la force des uns, c'est augmenter la faiblesse des autres. De sorte que, si la concurrence était maintenue systématiquement, tout appui prêté à une association particulière deviendrait funeste à ceux qui, en dehors de cette association, resteraient abandonnés à eux-mêmes.

En résumé, de quoi s'agit-il ? D'aboutir pratiquement, progressivement, à la réalisation du dogme : Liberté, égalité, fraternité ? Eh bien, il faut alors viser droit à la concurrence. Car :

Avec la concurrence, pas de liberté, puisque la concurrence arrête les plus faibles dans le développement de leurs facultés et les livre en proie aux plus forts ;

Avec la concurrence, pas d'égalité, puisque la concurrence n'est que l'inégalité même mise en mouvement ;

Avec la concurrence, pas de fraternité, puisque la concurrence est un combat.

Que ce principe meurtrier ne puisse pas être détruit *immédiatement, d'un seul coup*, sans doute. Mais c'est à rendre sa destruction complète, inévitable, que doit tendre tout système dont le but est l'ÉMANCIPATION DES TRAVAILLEURS.

Voici, quant à nous, ce que nous proposons. Un comité serait formé dans le parti socialiste et démocratique.

Ce comité ouvrirait, en vue de l'affranchissement des prolétaires, une

Louis Blanc

souscription semblable à celles qui ont été ouvertes, dans ces dernières années, quand il a fallu, ou protester contre l'abaissement de la dignité nationale, ou honorer la mémoire de quelque vertueux citoyen, ou venir en aide à un peuple ami et opprimé.

Les fonds recueillis de cette sorte seraient mis à la disposition d'une association d'ouvriers, laquelle ne serait considérée, bien entendu, que comme le premier noyau de l'association universelle des travailleurs. Elle devrait se composer de plusieurs industries diverses, et se constituer sur les bases dont voici les principales.

Appendice 2

CONTRAT[1]

ARTICLE PREMIER. Les ouvriers associés seront distribués en deux familles, composées chacune d'un nombre égal de membres.

Le nombre des ouvriers venant à augmenter, le nombre des familles sera augmenté proportionnellement.

On choisira, autant que possible, pour former une famille, les membres domiciliés dans le même quartier.

ART. 2. L'assemblée générale des ouvriers nommera un conseil central d'administration révocable, dont les fonctions spéciales seront de chercher des travaux, de traiter avec les tiers, de distribuer, entre les conseils de famille dont il sera parlé ci-après, l'ouvrage à faire et le prix à partager, de telle sorte que chaque famille reçoive, toute proportion gardée, le même nombre d'heures de travail et la même rémunération.

ART. 3. Il y aura dans chaque famille un conseil désigné sous le nom de

---

1 On objectera, peut-être, que le projet dont nous donnons ici les bases ne cadre pas parfaitement avec les dispositions des lois relatives à la constitution des sociétés commerciales.

Il est certain que les lois ont été faites jusqu'ici en vue de l'*association des capitaux*, au lieu de l'être eu *vue de l'association des forces et des sentiments*.

Toutefois, une étude attentive du Code, et l'avis de plusieurs jurisconsultes éminents nous permettent d'affirmer que le contrat ci-dessus est conciliable avec la forme des *sociétés en commandite*.

conseil de famille, composé de membres qui seront élus par la famille et révocables s'il y a lieu.

Les fonctions de ce conseil seront de répartir entre tous les membres de la famille la part des travaux et des salaires qui lui sera afférente. Les membres de ce conseil auront, de plus, mission d'inspecter les travaux et de veiller à ce que chacun remplisse sa tâche.

Art. 4. Chaque famille élira un de ses membres spécialement chargé de l'examen des livres et de la vérification des opérations faites, soit par le conseil central, soit par les conseils particuliers.

Art. 5. Chaque ouvrier sera payé, sur le prix des travaux, à raison de cinq francs par huit heures de travail.

Les bénéfices obtenus au-dessus de cette somme feront partie du fonds commun dont l'emploi va être indiqué.

Art. 6. À la fin de l'année, il sera dressé un état exact de la position de la société. À cet effet, l'on procédera à un inventaire général de l'actif et du passif. S'il reste un excédant, il en sera fait deux parts, dont l'une sera distribuée aux contractants par portions égales, et dont l'autre constituera un capital collectif, inaliénable, destiné à l'accroissement de l'association par des adjonctions successives, comme il sera dit ci-après.

Art. 7. Tout associé devenu infirme ou malade, et qui en justifiera, aura droit au même salaire, aux mêmes avantages que s'il fût resté bien portant.

Art. 8. Il n'est dû à l'ouvrier sortant, si c'est par acte volontaire ou pour fait d'inconduite, que le salaire de son travail, qui ne lui aurait pas été encore payé.

Art. 9. Reconnaissant que le droit au travail appartient à chaque homme, et que toute association revêtue d'un caractère exclusif est attentatoire à la doctrine de la fraternité, les contractants s'engagent de la manière la plus formelle à admettre parmi eux, sur le pied d'une égalité parfaite, tout ouvrier qui se présenterait en adhérant aux statuts, pourvu qu'il soit de la profession, qu'il le prouve, et que la situation de la société ne rende pas son admission absolument impossible.

Art. 10. Pour en décider, il sera formé un jury composé de sept membres et élu par l'ensemble des contractants.

Art. 11. Les contractants reconnaissent qu'il vaut mieux gagner moins que d'empêcher son frère de vivre. Le jury des ouvriers devra donc décider des cas d'admission d'après ce principe, que monopoliser le travail est un crime de lèse-humanité.

Art. 12. Les contractants sont divisés, dès à présent, comme il a été dit plus haut, en deux familles. Elles pourront s'accroître par les adjonctions successives jusqu'au chiffre de cent membres chacune, et seront alors déclarées complètes. S'il survient de nouveaux membres, ils seront distribués, en nombre égal, entre les deux familles existantes, jusqu'à ece qu'ils atteignent le nombre de cent, auquel cas ils formeront une famille nouvelle, et ainsi de suite.

Art. 13. Le jury des ouvriers sera choisi, par les contractants, pour tribunal arbitral, et il jugera, en cette qualité, les contestations qui pourront s'élever entre les contractants. Ce sera lui qui décidera de la légitimité des causes de retraite ou des faits de maladie ; lui aussi qui prononcera, sur le rapport des inspecteurs, l'exclusion des ouvriers convaincus de paresse. Il aura enfin le droit de prononcer, après débat public, la révocation de ceux des membres des conseils qui auraient mérité d'être révoqués ; et ce, dans la forme suivie par le tribunal arbitral, pour les jugements.

Art. 14. Il y aura lieu, chaque année, à réélire ou à maintenir les membres, soit des conseils, soit du jury.

Pendant que nous nous occupions de revoir l'édition actuelle, nous avons reçu d'un ouvrier, M. Agricol Perdiguier, connu par son livre sur lecompagnonnage, la lettre et le projet qui suivent.

Nous nous empressons de mettre sous les yeux de nos lecteurs le plan indiqué par M. Agricol Perdiguier, convaincu, comme lui, qu'il s'agit ici d'une question dont tout bon citoyen doit se préoccuper :

Monsieur Louis Blanc,

« J'ai appris que vous prépariez une nouvelle édition de votre livre sur l'*Organisation du travail*. Comme cette question est fort grave, et que chacun doit s'en préoccuper, j'ai essayé de rédiger un plan d'association que je vous envoie, et que je vous prie de soumettre, à vos lecteurs, si vous pensez qu'il puisse leur faire quelque plaisir.

« Votre tout dévoué,

« Agricol Perdiguier. »

APPENDICES

Paris, 18 mars 1847.

Appendice 3
PROJET DE RÈGLEMENT

ARTICLE PREMIER. Si des ouvriers, en se rapprochant, en se cotisant, parvenaient à former un capital social, afin d'exploiter une industrie quelconque, ce seraient tous les associés réunis qui nommeraient leur gérant, et tous les chef des l'association.

ART. 2. Si des riches, amis de notre classe, veulent, dans des prévisions d'avenir, concourir à la formation d'une association de travailleurs, ils choisiront, parmi ceux-ci, celui qui leur offrira le plus de garanties morales et les plus grandes chances de réussite ; ils avanceront le capital grandement, généreusement, à l'intérêt le plus minime, et l'association se constituera.

ART. 3. Celui que les gens de bonne volonté auront choisi pour tenter l'essai d'un nouveau régime industriel, choisira lui-même, parmi les ouvriers laborieux, intelligents, moraux et amis de la fraternité, ses coassociés. Un comité d'un nombre déterminé de membres sera constitué, un règlement accepté, et la durée de l'association limitée à trente ans, je suppose.

ART. 4. L'association ayant besoin de fonctionner, de faire l'application des facultés qui lui sont propres, et de s'instruire chaque jour par l'expérience et la pratique des choses, exploitera d'abord une seule industrie : l'ébénisterie ou la menuiserie, si on le jugé bon.

ART. 5. À côté de ce premier groupe d'ouvriers, le comité et son gérant devront, à mesure que la possibilité s'en présentera, former de nouveaux groupes d'états différents.

ART. 6. Ainsi, à côté du groupe des menuisiers, on placera celui des serruriers, celui des tourneurs, celui des charpentiers, celui des maçons, celui des cordonniers, etc., etc.

ART. 7. Chaque groupe aura son directeur des travaux, choisi par le comité, d'accord avec le groupe lui-même.

ART. 8. Le gérant et les directeurs des travaux seront payés au mois ou à la journée ; les traitements seront fixés selon les règles de la justice ; tous les autres ouvriers travailleront aux pièces, et à la journée quand le cas ou la

Louis Blanc

nature de l'industrie l'exigera. Les prix, soit des façons, soit des journées, ne seront ni plus ni moins élevés que dans les ateliers des particuliers.

ART. 9. Il sera adjoint au comité de gérance un délégué de chaque groupe, élu librement par le groupe, et qu'il pourra révoquer. Ces délégués auront mission d'éclairer les opérations de la société et de les contrôler ; les délégués seront les conducteurs des travaux ou tout autre membre nommé par les groupes.

ART. 10. Tous les groupes sont solidaires ; ils ne forment ensemble qu'une seule association, dont le comité de gérance est la tête, dont les groupes divers forment le corps et les membres.

ART. 11. Les comités des groupes recevront l'argent du comité de gérance, et auront avec lui de fréquents rapports.

ART. 12. Le comité de gérance sera composé de six membres : le gérant, le sous-gérant, le secrétaire, le secrétaire adjoint et l'inspecteur des groupes.

ART. 13. Les comités particuliers des groupes se composeront également de six membres : le délégué du groupe, le conducteur des travaux et quatre autres membres. Il pourrait arriver que le délégué et le conducteur des travaux fût le même homme, mais on s'arrangera toujours de sorte que chaque comité soit composé de six hommes.

ART. 14. Des registres exacts seront tenus ; l'ordre et la clarté doivent régner dans les comptes du comité de gérance et dans les opérations de chaque groupe.

ART. 15. Au terme de chaque année les dépenses et les recettes seront balancées, et des bénéfices généraux on fera quatre parts : la première presque toujours inégale aux autres, paiera les intérêts de l'argent avancé à la société et des actions qu'elle aura délivrées ; la seconde restera comme fonds de secours à accorder aux sociétaires ; la troisième restera comme fonds social et de remboursement, afin que la société puisse, avec le temps, se rendre propriétaire absolu de son capital ; la quatrième sera répartie sur tous les associés par fractions égales.

ART. 16. Si l'un des groupes éprouve des pertes et se trouve en déficit au bout de l'année, la société viendra à son secours, et cela n'empêchera pas ce groupé de prendre part aux bénéfices généraux.

Art. 17. Si cependant le même groupe continuait pendant plusieurs années, sans causes majeures, à être à charge à la société, pendant que ses membres recevraient une moyenne de salaire au moins égale à celle des membres des autres groupes, le comité de gérance, aidé du concours des délégués, aviserait à son sujet, soit en changeant sa direction, soit en lui supprimant sa part aux bénéfices, soit par tous autres moyens.

Art. 18. Les membres de tous les groupes sont liés par l'intérêt et la fraternité. Les ébénistes prennent leurs chaussures des cordonniers, ceux-ci leurs meubles des ébénistes, et chaque groupe devient un client de tous les groupes, et usera de son influence pour lui procurer des travaux, vu que tous bénéficient à l'intérêt de chacun, et que chacun trouve son avantage dans l'intérêt de tous.

Art. 19. Les habitations des membres de l'association devront être, autant que possible, rapprochées des ateliers communs.

Art. 20. Le comité de gérance pourra acheter en gros, outre les matériaux propres aux travaux, les aliments et boissons les plus indispensables à la vie, tels que légumes, fruits, vin, etc. ; et fournira à chaque associé, au prix de revient, ce qui lui sera nécessaire pour sa consommation. Le montant de ces objets sera retenu à chaque associé sur son salaire de la semaine.

Art. 21. Si le travail et l'économie produisent l'aisance, si chaque membre réalise une somme déterminée, il pourra la verser dans le sein de la société, qui délivrera des actions à cet effet. L'intérêt de l'argent n'ira pas au delà de cinq du cent.

Art. 22. Tout membre sera toujours libre de cesser de faire partie de la société. S'il est porteur d'actions, on les lui reprendra, et son argent lui serarendu intégralement ; il aura dès lors perdu tout droit aux secours et au fonds social conquis par le travail de tous.

Art. 23. La société pourra toujours s'adjoindre de nouveaux membres, soit pour remplacer ceux qui se retireraient, soit pour grossir le faisceau des associés. Le membre nouveau dans la société, et qui aurait travaillé peu de mois au profit de tous, ne recevrait, dans sa première participation aux bénéfices, que la part qui lui serait due légitimement.

Art. 24. Si les travaux de l'association ou de quelque groupe étaient en souffrance ; si des bras étaient inoccupés, les plus nouveaux associés, ou ceux qui pourraient le plus facilement se procurer de l'ouvrage ailleurs se retireraient momentanément de l'atelier commun. Ils ne recevraient plus leur salaire de la société, mais ils auraient toujours droit aux secours fraternels et aux bénéfices, pourvu qu'ils fussent toujours prêts à revenir travailler au sein de l'association dès qu'elle les appellerait.

ART. 25. Si les travaux étaient en souffrance, non seulement au sein d'un groupe, mais encore partout où l'on professerait l'industrie de ce groupe, et qu'il ne fût pas possible aux membres inoccupés de se procurer des travaux nulle part, le groupe réduirait les heures de travail de tous les membres, afin que sa souffrance fût allégée en la partageant entre tous fraternellement : ainsi, dans ce cas exceptionnel, aucun membre n'aurait à sortir de l'atelier commun. Les fonds de secours pourraient même, après délibération expresse, venir en aide aux associés les plus nécessiteux.

ART. 26. Chaque membre est toujours libre de se retirer de l'association. Par la même raison, et pour que les droits soient réciproques, le comité de gérance, uni aux délégués des groupes et aux conducteurs des travaux, pourra exclure celui des associés qui ne marcherait pas dans les principes moraux et fraternels de l'association.

ART. 27. Les associés sont payés aux pièces ou à la journée, et chacun reçoit selon sa force et sa capacité : Ce n'est qu'aux bénéfices généraux de l'année que chacun prend une part égale. Cependant, si un nombre d'associés, s'appuyant sur des principes autres que ceux énoncés ci-dessus, ne voulaient pas gagner plus les uns que les autres, on leur donnerait la masse de leur salaire, et ils se la partageraient comme ils l'entendraient ; ou bien la gérance et les chefs des groupes feraient ce partage au gré de ceux qui l'auraient désiré, afin qu'ils eussent chacun une part égale.

ART. 28. Quand la société en aura les moyens, des pensions seront votées aux vieillards et aux invalides qui auront usé ou brisé leurs forces en travaillant pour elle. De plus, la femme ou les enfants, ou le père ou la mère d'un membre mort au service de la société, recevront un secours, quand la gérance et les délégués en auront ainsi décidé. Dans les décisions à ce sujet, on aura égard aux services rendus par le défunt ainsi qu'au mérite et aux vrais besoins de ses proches.

ART. 29. Des cours élémentaires et professionnels seront ouverts. Des articles particuliers en régleront les détails. (Nous dirons aussi comment des comptoirs pourraient être établis dans les départements, afin que les associés pussent changer de ville, voyager, sans cesser d'être de la société, et de travailler pour elle. Cependant, si cela présentait des obstacles, ou semblait donner à la société un caractère trop envahissant, nous nous abstiendrions d'en parler, car nous ne voulons tenter que le possible et ce que nous croyons bon.)

ART. 30. Tous les sept jours, chaque comité réunira ses membres ; tous les mois, il y aura réunion du comité de gérance et des délégués des groupes. Tous les trois mois, les membres de tous les comités particuliers se réuniront au comité de gérance. Au bout de chaque année, il y aura une réunion générale, et où, après le partage des bénéfices, on célébrera une fête en famille pour mettre à l'unisson l'âme, le cœur et le moral de tous les associés.

ART. 31. La société est constituée pour trente ans ; mais des cas imprévus peuvent amener la dissolution avant le temps. Elle peut aussi prolonger sa durée au delà de ce terme, si les circonstances sont favorables, et si les lois de l'avenir veulent le lui permettre.

ART. 32. En cas de dissolution, le premier remboursement échoit de droit aux actionnaires et aux commanditaires. Le surplus du fonds social sera réparti entre tous les associés ; dont les uns auront plus, les autres moins, selon le nombre d'années qu'ils auront travaillé au profit de l'association.

ART. 33. Le présent règlement n'est point irrévocable dans toutes ses parties. La gérance et les délégués seront toujours libres d'en modifier les articles ; à l'exception de ceux qui intéressent les commanditaires ; à moins que ce ne soit de concert avec eux.

ART. 34. Un article ne pourra être ajouté, ou retranché, ou modifié qu'à la majorité des trois quarts des membres du comité de gérance et des délégués des groupes.

FIN.

ISBN : 978-1511511667

Louis Blanc